Eric Hattke · Michael Kraske (Hrsg.)
Demokratie braucht Rückgrat

Wie sichert ein politisches System sein Überleben? So altbekannt die Frage nach der richtigen Balance von Sicherheit, Stabilität und Freiheit sein mag, so unvermindert wichtig ist sie in Anbetracht heftiger werdender gesellschaftlicher Konflikte.

Verschiedene Autoren analysieren und positionieren sich zu gesellschaftsrelevanten Themen, geben Handlungsanweisungen und Ausblicke auf mögliche Lösungen. Mit Beiträgen von Eric Hattke, Karl-Siegbert Rehberg, Eckart Conze, Georg Restle, Ines Geipel, Hajo Funke, Peter Imbusch, Lamya Kaddor, Dirk Laabs, Ingke Goeckenjan, Karolin Schwarz, Paul Ziemiak, Sebastian Krumbiegel, Marina Weisband und Michael Kraske.

ERIC HATTKE, geboren 1991 in Hoyerswerda, ist Autor und Bürgerrechtler und lebt in Dresden. Er ist Geschäftsführer der Sächsischen Bibliotheksgesellschaft sowie von Besht – Zentrum für jüdisches Leben und Kultur. Außerdem ist er Vorsitzender des Dresdner Vereins Atticus, der sich für den gesellschaftlichen Zusammenhalt einsetzt. Hattke war eine der prominentesten Stimmen des bürgerlichen Widerstands gegen die Pegida-Bewegung in Dresden und setzt bis heute vielfältige Demokratieprojekte in Sachsen um.

MICHAEL KRASKE, geboren 1972 in Iserlohn, lebt und arbeitet als freier Journalist und Buchautor in Leipzig. Er recherchiert und publiziert zu gesellschaftlichen Radikalisierungsprozessen und Missständen in der Demokratie. Sein politisches Sachbuch *Der Riss. Wie die Radikalisierung im Osten unser Zusammenleben zerstört* (Ullstein 2020) wurde mit dem Otto-Brenner-Preis Spezial für kritischen Journalismus ausgezeichnet. Als Journalist arbeitet er u. a. für *Spiegel Online, Die Zeit, Tagesspiegel, MDR*.

Eric Hattke, Michael Kraske (Hrsg.)

DEMOKRATIE BRAUCHT RÜCKGRAT

Wie wir unsere offene Gesellschaft verteidigen

Ullstein

Wir verpflichten uns zu Nachhaltigkeit

- Klimaneutrales Produkt
- Papiere aus nachhaltiger
  Waldwirtschaft und anderen
  kontrollierten Quellen
- ullstein.de/nachhaltigkeit

Besuchen Sie uns im Internet:
www.ullstein.de

MIX
Papier
FSC FSC® C014496

Originalausgabe im Ullstein Taschenbuch
1. Auflage September 2021
© Ullstein Buchverlage GmbH, Berlin 2021
Umschlaggestaltung und Titelabbildung: zero-media.net, München
Satz: Pinkuin Satz und Datentechnik, Berlin
Gesetzt aus der Quadraat Pro
Druck und Bindearbeiten: GGP Media GmbH, Pößneck
ISBN 978-3-548-06549-6

Inhalt

Grenzen sichern –
warum Demokratien wehrhaft sein müssen

von Eric Hattke

In der gesamten Geschichte meiner Familie, über die Jahrhunderte hinweg, bin ich der Erste, der in einer freien, friedlichen und demokratischen Gesellschaft aufwachsen durfte. Ein Umstand, den ich weithin als selbstverständlich hingenommen hatte. Lange war ich der sicheren Überzeugung, dass diese Gesellschaft, die für mich als Kind der Nachwende immer mehr zu ermöglichen schien, ewig Bestand haben würde. Doch politische Systeme können sich weiterentwickeln oder zerstört werden. 2014 trat in meiner Heimatstadt Dresden die rechtsextreme Pegida in Erscheinung, und Dinge, die ich bis dahin als selbstverständlich erachtet hatte – wie Anstand, gegenseitiger Respekt, die Achtung vor dem Leben und die Vielfalt unserer Gesellschaft – wurden infrage gestellt. Erst da, im Jahr 2014, wurde mir wirklich bewusst, dass eine Demokratie kein Selbstläufer ist. Seitdem hat sich das gesellschaftliche Klima in ganz Deutschland und darüber hinaus verändert.

Wie sichert ein politisches System sein Überleben? Vor allem eines, das so hohe Anforderungen an seine Bürger stellt wie das unsere? So altbekannt die Frage nach der richtigen Balance von Sicherheit, Stabilität und Freiheit sein mag, so unvermindert wichtig ist sie in Anbetracht heftiger werdender gesellschaftlicher Konflikte. Zentral erscheint mir dabei eine gefährliche Tendenz, die immer stärker im Diskurs zu bemerken ist:

Die Gleichsetzung von Demokratie mit Beliebigkeit und Freiheit mit Grenzenlosigkeit

Diese falsche Gleichsetzung war der Hauptanlass für die Idee dieses Buches. Sie birgt das Potenzial in sich, unsere demokratische Gesellschaft auf lange Sicht zu zerstören. Auf Grundlage dieser Gleichsetzung entstehen lautstark Meinungen, die behaupten, in einer Demokratie dürfe jeder alles, und wenn dem nicht so ist, dann sei dies ein sicheres Anzeichen für eine Diktatur.

Doch wer einen Blick in das Grundgesetz wirft, wird schnell feststellen, dass diese Behauptung falsch ist. Eine Gesellschaft benötigt Regeln und Grundwerte, die die Basis unseres Handelns bilden. Sie benötigt Grenzen dessen, was akzeptiert ist, sowie dessen, was nicht toleriert werden darf. Dies ist kein Kennzeichen einer Diktatur, sondern einer selbstbewussten wehrhaften Demokratie. Die Freiheiten, die wir genießen dürfen, sind nicht grenzenlos, und das sollten sie auch nicht sein. Denn das Zusammenleben vieler verschiedener Menschen braucht gegenseitige Rücksichtnahme und manchmal sogar die Begrenzung eigener Handlungsmöglichkeiten.

Das klingt banal, ist es aber nicht. Diese wichtige Grundlage unserer Gemeinschaft wird vor allem von den Kräften angegriffen, die Einheit mit Uniformität übersetzen. Ausgehend von der Gleichsetzung von Demokratie mit Beliebigkeit werden gesellschaftliche Diskurse schon in ihrer Ausgangsposition verdreht und beschädigt, indem unter dem Deckmantel angeblicher demokratischer Gesinnung behauptet wird, in einer Debatte müsse sich jede Seite auf die andere zubewegen und einen Kompromiss finden. Diese Behauptung erzählt das Märchen von der Gleichwertigkeit aller Positionen. So als gäbe es keine festen Werte, an die es sich zu halten gäbe, und Demokratie sei damit beliebig. Als sei die Position, Menschen im Mittelmeer am besten ertrinken zu lassen, gleichwertig mit der Position, diese zu retten. Als sei eine unflätige verletzende Bemerkung gleichwertig mit der Forderung, so etwas zu unterlassen. Als seien beide Positionen einfach nur die Seiten einer Medaille, und in einer Debatte ginge es darum, einen Kompromiss zwischen diesen beiden zu finden. Und wenn das Gegenüber nicht bereit ist, sich auf eine solche Diskussionsebene zu begeben, die den Grundwerten unseres Grundgesetzes widerspricht, dann wird behauptet, dieser sei kein Demokrat und würde seinerseits unsere demokratische Ordnung angreifen. Diese Verkehrung von Angreifer und Opfer erschwert oder verunmöglicht eine Debatte.

Was nötig ist, ist nicht der Verzicht auf einen Diskurs, auf das Aufeinanderzubewegen unterschiedlicher Ansichten, sondern die Verteidigung unsere demokratischen Grenzen in Wort und Tat, die sich aus unserem Grundgesetz und dem daraus erwachsenen moralischen Kompass speisen. Ein Kompromiss darf stets nur auf der Grundlage unserer demokratischen Werte geschlossen werden – nie dagegen.

Die Beschmutzertaktik

Die bisher erfolgreichste Strategie der Feinde unserer offenen Gesellschaft ist die Umkehr der Beschuldigung – die Beschmutzertaktik. Deren Mechanismus funktioniert immer gleich: Einer berechtigten Kritik wird vorgeworfen, einen Angriff gegen die Meinungsvielfalt oder auf das Recht der freien Meinungsäußerung darzustellen – also demokratiefeindlich zu sein. Durch diese Verdrehung wird aus einer Position, die demokratische Grundwerte schützen möchte, ein Angriff, der angeblich eben diese Werte verletzt. Aus dem aktiven Part wird ein passiver, der sich nun verteidigen muss.

Bei der Anwendung der Beschmutzertaktik werden zusätzlich häufig Reizwörter wie »Diktatur« oder »Nazikeule« verwendet, um den moralischen Druck auf die Gegenseite zu erhöhen. Bei allen berechtigten Hinweisen auf eine Versachlichung von politischen Debatten ohne Eskalationsdramatik – denn zweifelsohne gibt es auch schnellschussartige Übertreibungen einer überkritischen Erregungskultur – lohnt es sich, genau hinzuschauen, von wem die sogenannte »Nazikeule« instrumentalisiert wird. Um den Betroffenheitsstatus noch weiter zu zelebrieren, werden empört Interviews abgebrochen, oder es wird in Talkrunden demonstrativ aus dem Studio marschiert. Vor allem diejenigen, die am unanständigsten und bewusst provozieren, reagieren am empfindlichsten auf Kritik und wenden nur allzu gern die Beschmutzertaktik als Angriff nach vorn an.

Im Geiste dieser Taktik werden Abwehrmechanismen gegen rechtsextremes Gedankengut einer wehrhaften Demokratie, wie Präventionsarbeit und politische Bildung, in eine Bevormundung der Bevölkerung umgedichtet.[1] Eine perfide Taktik, die leider allzu oft in öffentlichen Debatten Erfolge erzielt. Sie verschiebt den Fokus des eigentlichen Diskursgegenstandes zugunsten derjenigen, die die Diskussion mit unanständigen und undemokratischen Argumenten vergiften.

Wie kann auf diese Beschmutzertaktik reagiert werden? Wichtig ist, den Trick zu entlarven und zu widersprechen. Das eigene Argument sollte dann wiederholt und eine gezielte Frage gestellt werden, die sich auf die eigene Aussage bezieht und den Gegenüber zwingt, darauf einzugehen. Da der Gegenüber immer wieder versuchen wird, die Diskussion auf einen Nebenkriegsschauplatz zu ziehen, darf die Ablenkung vom eigentlichen Thema nicht hingenommen werden. Sätze wie »Das war nicht mein Thema«, »Nicht meine Frage«, »Sie weichen aus« können dabei helfen.

Ein gutes Beispiel der versuchten Umkehr der Meinungsfreiheit durch die Beschmutzertaktik ist das Vorgehen des Magdeburger Bundestagsabgeordneten Frank Pasemann: Er bezeichnete die Handlung des Bezahldienstes PayPal als perfide Auswüchse eines »sanften« Totalitarismus, die der pluralistischen Gesellschaft und der Meinungsfreiheit entgegenstünden. Grund dieser Attacke war, dass PayPal dem Verlag Jungeuropa die Nutzung seiner Dienste entzog.[2] Dieser verlegt unter anderem das Werk des Franzosen Robert Brasillach, der zur Zeit des Zweiten Weltkrieges als Chefredakteur der antisemitischen Zeitschrift »Je suis partout« schrieb: »Wir müssen uns die Juden ein für allemal vom Hals schaffen und dürfen auch keine Kinder behalten.«[3] PayPal ließ sich durch diesen haltlosen Vorwurf nicht beirren und hielt an der Entscheidung fest – die Beschmutzertaktik lief ins Leere.

Es ist nicht undemokratisch, sich dazu zu entschließen,

nicht jede ziellose Diskussion bis zur Erschöpfung zu führen, wenn man feststellt, dass dem Gegenüber nicht an einer sachlichen Auseinandersetzung gelegen ist. Letzten Endes geht es darum, nicht einzuknicken und auf platte Diktatur-Parolen in der Art zu reagieren, dass die eigenen Werte zugunsten eines faulen Kompromisses aufgegeben werden. Das ist nämlich die Strategie, der Plan – die Beschmutzertaktik.

Der Druck auf die Mittelschicht

Die falsche Gleichsetzung von Demokratie mit Beliebigkeit und Freiheit mit Grenzenlosigkeit sowie die Verschiebung des Sagbaren durch die Beschmutzertaktik sind ideologische Waffen, mit denen die Feinde der offenen Gesellschaft agieren. Sozial-ökonomische Fehlentwicklungen spielen ihnen dabei in die Hände. Deutschland ist ein reiches Land, dessen Reichtum aber immer ungleicher verteilt wird. Diese Ungleichheit ist eines der drängendsten sozialen Probleme unserer Zeit. Unter besonderem Druck steht die Mittelschicht, die in Deutschland die größte gesellschaftliche Gruppe, mehr als die Hälfte der Bevölkerung, ausmacht. Sie profitierte zu wenig von Wachstumszeiten der Wirtschaft. Während das Einkommen dieser Gruppe in den letzten Jahrzehnten kaum oder gar nicht wuchs, stiegen die Lebenshaltungskosten stetig. Die Überschuldung ist bei Haushalten mit mittlerem Einkommen höher als bei Haushalten mit niedrigem und hohem. Zudem ist die Befürchtung, in die untere Mittelschicht abzusteigen, größer als die Hoffnung auf einen Aufstieg in die obere Mittelschicht.[4] Diese reale Angst vor dem sozialen Abstieg macht es populistischen Parteien leicht, mit vollmundigen Versprechen und einfachen Feindbildern Wahlerfolge bei der größten Bevölkerungsgruppe Europas zu erzielen. Wenn demokratische Parteien auf diese schon seit Jahrzehnten andauernde Krise der Mittelschicht keine langfristigen Lösungen glaubhaft präsentieren und umsetzen, werden antidemokratische Parteien weiter in der Wählergunst steigen.

Zusätzlich zu den ökonomischen Herausforderungen gewinnt ein Thema immer mehr an Bedeutung: Einsamkeit. Über acht Millionen Menschen in Deutschland fühlen sich laut dem Institut für deutsche Wirtschaft oft oder immer einsam.[5] Bemerkenswert ist, dass der Anteil der einsamer Gewordenen nicht bei den Älteren, sondern bei den Jüngeren am höchsten ist. Aufgrund der damit einhergehenden Gefahren für den Fortbestand der Demokratie wurde in Großbritannien 2018 sogar ein Ministerium für Einsamkeit gegründet.

Die Philosophin Hannah Arendt merkte bereits in den 50er-Jahren an: »Was moderne Menschen so leicht in die totalitären Bewegungen jagt und sie so gut vorbereitet für die totalitäre Herrschaft, ist die allenthalben zunehmende Verlassenheit.«[6] Dieses Gefühl, auf sich allein gestellt zu sein und sich auf nichts wirklich verlassen zu können, wurde durch globale Krisen, hitzige gesellschaftliche Debatten, die zu sozialen Verwerfungen geführt haben, und den wirtschaftlichen Konkurrenzkampf, der den Mitbürger vor allem als Konkurrenten sieht, verstärkt. Die durch Globalisierungseffekte umfassenden Informationsmöglichkeiten und neue Vernetzungstechnologien immer komplexer werdenden modernen Gesellschaften führen zudem oft zu einer Überforderung des Einzelnen. Dies erzeugt den Wunsch nach Einfachheit, der Zurückweisung der Komplexität und dem Verlangen nach

»Normalität«. An diesem Punkt setzen antidemokratische Parteien an: Mit der Reduzierung komplexer Sachverhalte auf einfache Lösungen und dem Versprechen einer nationalen Einheit, in der kein Mensch mehr isoliert und einsam ist, weil er Teil einer uniformen Menge wird, besetzen sie jene Lücken, die demokratische und global vernetzte Gesellschaften zwangsläufig erzeugen. Nur zu gern benutzen die Feinde der Demokratie Globalisierungsherausforderungen, wie größere Migrationsbewegungen und Pandemien, für einen Generalangriff auf die offene Gesellschaft. Vor allem das oftmals zögerliche und mutlose Agieren einiger Landesregierungen in der Corona-Krise, aus Angst vor unpopulären, aber notwendigen Maßnahmen, hat sich als Schwachpunkt unserer Demokratie erwiesen, den deren Feinde mit Genugtuung auszunutzen suchten.

Die erforderlichen staatlichen Eingriffe in die Freiheit des Einzelnen zur Bekämpfung der Pandemie verstärkten Vereinsamungseffekte sowie Abstiegsängste und boten Extremisten eine weitere Möglichkeit, Teile der Mitte der Gesellschaft von demokratischen Regeln und Institutionen zu entfremden. Besonders deutlich wurde dies bei Demonstrationen der sogenannten Querdenker, als besorgniserregende Bündnisse zwischen der bürgerlichen Mittelschicht und extremistischen Verschwörungstheoretikern zutage traten.

Doch wie kann man diesem Einfallstor für antidemokratische Kräfte vorbeugen? Jeder Mensch hat die Möglichkeit, der privaten sowie gesamtgesellschaftlichen Herausforderung der Einsamkeit durch ein offenes Miteinander und soziales Engagement beispielsweise in Vereinen oder Bürgerinitiativen entgegenzuwirken. Es ist aber auch die Aufgabe staatlicher

Institutionen und Parteien, den Zusammenhalt zu stärken und der Vereinsamung entgegenzuwirken, indem etwa das Freiwillige Soziale Jahr gestärkt oder gar verpflichtend eingeführt wird und soziale Berufe durch steuerliche Anreize sowie faire Bezahlung attraktiver gestaltet werden. Bei der Bearbeitung anstehender Konflikte ist vor allem politisches Rückgrat gefordert, welches notwendige, aber unpopuläre Entscheidungen nicht zugunsten von Sonntagsreden opfert und demokratische Werte verteidigt.

Demokratie gibt es nicht für umsonst

Diese Verteidigung von Mitgefühl, Frieden und der Würde jedes einzelnen Menschen und Frieden ist kein linkes Idealistentum (neudeutsch Gutmenschentum), wie oft von Gegnern dieser Werte behauptet, sondern unsere bürgerliche Pflicht qua Grundgesetz als Teil dieser Gesellschaft. Zunehmend wird versucht,den Eindruck zu erzeugen, dass die Verteidigung der Demokratie automatisch ein »linkes« Projekt wäre. Mit dieser Lüge versuchen die Feinde der offenen Gesellschaft die Gemeinschaft der Demokraten zu spalten, indem sie die bürgerliche Mitte dazu bewegen wollen, sich nicht in Debatten zugunsten demokratischer Werte einzumischen, weil der Beteiligte dann automatisch als links gelte. Wie wichtig und gesellschaftsverändernd aber das Handeln engagierter Bürger ist, zeigte sich unter anderem seit der Fluchtbewegung 2015. Viele Menschen leisten seitdem konkrete Hilfe durch ehrenamtliche Arbeit wie Deutschunterricht, Vormundschaften oder auch Spenden. Sie positionieren sich öffentlich, genau wie alle demokratischen Parteien von DIE LINKEN bis zur

CDU, gegen menschenfeindliches Gedankengut und deren Handlanger. Ohne den Einsatz so vieler wären die Herausforderungen dieser Zeit nicht lösbar gewesen. 2014, ausgelöst durch die beginnenden Demonstrationen der fremdenfeindlichen und rechtsextremen Organisation Pegida, war für viele Menschen, auch für mich, ein politisches Aktivierungserlebnis, das deutlich machte, wie wichtig der persönliche Einsatz für unsere Grundwerte ist.

Zur Lüge vom ausschließlich linken Demokratieeinsatz kommt die Verächtlichmachung von allem, was als politisch gilt. Dabei wird politisch mit parteipolitisch gleichgesetzt und zum Kampfbegriff erklärt, indem ausgeführt wird, wie korrupt Politiker seien, dass staatlichen Institutionen nicht vertraut werden dürfe, wie undurchsichtig politische Entscheidungen zustande kämen und wie wenig das parlamentarische Handeln sich angeblich noch an dem Wohl der Bevölkerung ausrichte. Das hat leider bei nicht wenigen Menschen Erfolg. »Unpolitisch« sein ist schick geworden. Sich nicht einmischen, nicht positionieren, nicht mit der Politik, »mit denen da oben«, gemein machen. Auch bei einigen europäischen Institutionen, die eigentlich demokratische Werte verteidigen sollten, ist dieser Trend zu bemerken: So wollte die Stadt München zur EM 2021 das Fußballstadion in Regenbogenfarben erstrahlen lassen, um damit ein Zeichen gegen die homosexuellenfeindlichen Beschlüsse des ungarischen Parlaments zu setzen. Die Union der Europäischen Fußballverbände UEFA, als Ausrichter der Europameisterschaft, verbot die Regenbogenbeleuchtung jedoch und berief sich dabei auf ihre politische Neutralität. Bedenklich dabei ist, dass es ein internationaler europäischer Verband nicht als Teil seiner

Aufgabe betrachtet, politisch für grundlegende Demokratie-
werte einzutreten. Ihr irriges Verständnis von »politisch sein«
verdeutlichte die UEFA in ihrem dazugehörigen Statement,
indem sie behauptete, ein politisches Symbol könne kein
Zeichen für ein starkes Engagement für eine vielfältigere und
inklusivere Gesellschaft darstellen.[7]

Natürlich muss nicht jeder Mensch in eine Partei eintreten,
nicht jeder muss alle politischen Diskussionen im Detail verfolgen und sich zu jedem Thema eine faktengeprüfte Meinung erarbeiten. Aber wir leben in einem anspruchsvollen
politischen System, das für seine Existenz voraussetzt, dass
seine Bürger vernünftige und auf Fakten basierende Entscheidungen treffen. Und das bedeutet auch, dass sie sich selbst-
ständig zu wichtigen gesellschaftlichen Debatten informieren
und als Maßstab für die eigene Meinungsbildung die Werte
unseres Grundgesetzes anlegen, die es auch zu verteidigen
gilt. Auch internationale Verbände sind von dieser Pflicht
keinesfalls entbunden. Die falschen Behauptungen, dass Demokratieeinsatz automatisch etwas Linkes sei und dass es gut
ist, »unpolitisch« zu sein, sollen unsere Gesellschaft lähmen.

Es ist die gewiefte Doppelstrategie der Feinde der Demokratie, die eigenen radikalen Anhänger zu motivieren, aktiv
gegen unsere offene Gesellschaft zu rebellieren, während der
Rest der Bevölkerung mit Argumenten und Behauptungen
eingelullt wird, um die so erzeugte Untätigkeit zum eigenen
Vorteil nutzen zu können. Dem müssen wir als Bürger mit
anständigem und beharrlichem Einsatz für unsere demokratischen Grundwerte begegnen.

Dafür steht dieses Buch. Verschiedene Autoren analysieren
und positionieren sich zu gesellschaftsrelevanten Themen,

geben Handlungsanweisungen und Ausblicke auf mögliche Lösungen. Der Wert dieser Sammlung besteht in der hohen Expertise und der großen Meinungsvielfalt, die dem Lesenden präsentiert werden. Die Positionen der Autoren stehen gleichberechtigt nebeneinander, ohne sich die des anderen zu eigen machen zu müssen. Dieses Buch soll dazu beitragen, demokratische Grenzen anzuerkennen, einzufordern und zu leben.

Begeisterung für unsere Demokratie

Für die positive Entwicklung unserer Gesellschaft sollten wir nicht unentwegt die schwierigen und zähen Prozesse der notwendigen Kompromisssuche in das Zentrum der Betrachtung stellen. Ja, Demokratie strengt an, weil die Kompromisssuche nie endet, ja nie enden darf. Während autoritäre Gesinnungen mit verlockenden Heilsversprechen eines Endes aller Diskussionen werben, kann die Demokratie nur versprechen, Kompromisse weiter auszuhandeln. Das ist mühsam, aber auch großartig. Weil es eben nicht zu Stillstand und Uniformität verurteilt, sondern Freiheitspotenziale schafft. Die wunderbaren Möglichkeiten, unser Leben auf die verschiedensten Arten zu gestalten, verdanken wir der Demokratie, in der wir leben. Und diesen ungeheuren Reichtum, nach dem sich ein so großer Teil der Weltbevölkerung sehnt, sollten wir uns immer wieder bewusst machen. Ein politisches System muss sich seiner selbst vergewissern, indem es sich und seine Ideale feiert. Wir brauchen dazu vor allem eine Weiterentwicklung unserer deutschen Erinnerungs- und Gedenkkultur, die einerseits nicht vergisst, an negative Ereignisse und deren

Zustandekommen zu erinnern sowie zu mahnen, und gleichzeitig neue, in die Zukunft gerichtete Veranstaltungen, die uns unseren Reichtum und unser Glück, in einer offenen und vielfältigen Gesellschaft selbstbestimmt leben zu können, bewusst machen.

Die Freude an der Vielfalt

Einer unserer Reichtümer ist die Vielfalt, also das Vorhandensein von unterschiedlichen Menschen und Lebensentwürfen. Sie besteht innerhalb von Gesellschaften, aber auch im Zusammenleben mit anderen Nationen. Obwohl sie uns ermöglicht, neue Perspektiven und Einsichten zu erleben, ist sie natürlich keineswegs einfach. Unterschiedlichkeiten bergen immer mögliche Konflikte in sich, die friedlich ausgehandelt werden müssen. Wenn wir es schaffen, das Positive unserer demokratischen Lebensweise, den Zusammenhalt, die Vielfalt, die Mitmenschlichkeit, in Debatten und Veranstaltungen in den Vordergrund zu rücken, werden sich mehr und mehr Menschen für dessen Fortbestand einsetzen. Das können hochintellektuelle Veranstaltungen sein bis hin zu populären Festivitäten, wie der Eurovision Song Contest (ESC). Ja, der ESC mag in Teilen ziemlich schräg und manchmal »etwas drüber«[8] sein. Doch wir leben in einer Zeit aufstrebender nationalgesinnter Kräfte, die Grundwerte wie Pressefreiheit und die Unabhängigkeit der Justiz verletzen, Abschottung predigen und die vermeintliche eigene Überlegenheit über andere Nationalitäten und Kulturen wieder in den Mittelpunkt der europäischen Politik zu rücken versuchen. Ein Popkonzert von Vertretern unterschiedlicher Länder, die gleichberechtigt und freundschaftlich miteinander umgehen, ist daher ein wichtiges Fest, auf dem die Vielfalt in ganz Europa gefeiert werden kann. Die versuchten Interventionen bestimmter Länder gegen die Auftritte einzelner Künstlergruppen zeigen den nicht zu unterschätzenden Symbolcharakter, der dem ESC beigemessen wird. Dabei darf die berechtigte Kritik an Ländern, die trotz Demokratieverstößen am Wettbewerb teilnehmen dürfen, natürlich nicht vergessen werden. Was mich persönlich am meisten am ESC bewegt, ist das Fahnenmeer der unterschiedlichen Länderflaggen – die nicht nur wehen, wenn die Vertretung des eigenen Landes singt, sondern auch dann jubelnd hervorgeholt werden, wenn die Gruppen der anderen Länder ihre Musik zum Besten geben. Das kann als sentimentale Oberflächlichkeit abgetan oder aber als Zeichen des friedlichen Zusammenhalts unterschiedlicher Nationen wertgeschätzt werden. Ein solches Gefühl der Gleichwertigkeit trotz aller Unterschiede scheint mir grundlegend wichtig für eine gemeinsame friedliche Zukunft zu sein. Die hohe Zuschauerquote, allein in Deutschland, macht zudem die Attraktivität eines solchen Festes deutlich: Laut der Europäischen Rundfunkunion (EBU) kam 2021 zum 11. Mal in Folge mit rund 7,7 Millionen Zuschauern das größte Publikum aus Deutschland. Insgesamt verfolgten 183 Millionen Zuschauer den ESC. Besonders beliebt ist das Event bei Fernsehzuschauern im Alter von 15 bis 24 Jahren, bei denen über die Hälfte den ESC verfolgten. Und so verrückt die Auftritte zuweilen auch sind, ist es schön zu sehen, dass wir in einer freien Gesellschaft leben, in der so etwas überhaupt möglich ist.

Gemeinsame Zukunft

Jeder Mensch, der sich zu den Werten unserer Verfassung bekennt, kann sich auf seinen individuellen Weg zur Suche nach seinem persönlichen Glück begeben. Das ist das Maß der Offenheit und Vielfalt unserer Gesellschaft. Selbstverständlich kommt es in dieser Vielfalt zu Konflikten. Diese bedürfen einer Lösung, und diese ist meist ein Kompromiss auf der Basis unseres Grundgesetzes. Dafür braucht es Streit im positiven Sinne, und dieser beginnt mit der Sprache. Insofern gilt es sich abzugrenzen von jenen, die bereits in der Sprache beginnen, sich von unseren Grundwerten zu verabschieden. Gleichwohl muss dieser Streit die oben beschriebene Vielfalt respektieren, solange diese den Boden unserer Grundwerte nicht verlässt. Was letztlich nichts anderes bedeutet, als dass das Aufeinandertreffen unterschiedlicher Meinungen als das Normale und Notwendige für unsere Gesellschaft aufgefasst werden muss.

Wenn wir uns auf diese Weise verständigen und zusammenarbeiten, wird sich unsere offene Gesellschaft ihrer Feinde erwehren. Unser friedliches und vielfältiges Zusammenleben voller Möglichkeiten birgt einen so enormen Reichtum in sich, dessen Attraktivität stärker ist als nationalistische Uniformitätsverlockungen, die unsere komplexe Welt als etwas Schlechtes darstellen – etwas, das es eigentlich nicht geben sollte.

Dieses Versprechen des Fortbestandes unserer offenen mitmenschlichen Gesellschaft, die friedlich in Vielfalt zusammenlebt und in der das Leben jedes einzelnen Menschen zählt, kann nur von uns gemeinsam eingelöst werden. Packen wir es also an!

Demokratie – eine gefährdete Errungenschaft?

von Karl-Siegbert Rehberg

Die liberale Demokratie als »Siegerin der Geschichte« oder als Opfer eines neuen Autoritarismus?

Durch die Auflösung der Sowjetunion zerbrach eine Weltordnung, die Alexis de Tocqueville prophetisch vorausgesehen hatte, als er 1835 schrieb: »nach einem geheimen Plan göttlicher Bestimmung seien [Amerika und Russland] berufen, die Geschicke einer Hälfte der Welt in den Händen« zu halten.[1] Der konservative Politikwissenschaftler Francis Fukuyama schloss daraus, dass nun die liberale Demokratie unwiderlegbar geworden sei und sich langfristig überall durchsetzen werde.[2]

Eine andere Prognose, welche Folgen die Auflösung der Sowjetunion haben würde, scheint im Verlauf der letzten 30 Jahre wahrscheinlicher geworden zu sein, nämlich Samuel Huntingtons »Clash of Civilization«.[3] Letzterer ging davon aus, dass während der Bipolarität der Welt Konflikte innerhalb der beiden größten Machtblöcke erfolgreich unterdrückt wurden und nun alte gesellschaftliche Bruchlinien neu ans Tageslicht treten würden. Man denke an den Krieg im ehemaligen Jugoslawien oder die Ausbreitung des Islamismus mit

Folgen auch für viele nicht-radikale muslimische Gesellschaften, wie in den Maghreb-Staaten in Nordafrika. Und erst recht schockierte im April 2013 der Versuch, einen Islamischen Staat auf den Territorien des Iraks und Syriens zu etablieren. Im Gegenzug entstanden aber auch anti-islamistische Diktaturen (etwa in Ägypten, wo von dem in Europa bejubelten »Arabischen Frühling« nicht viel übriggeblieben ist).

Exkurs: Demokratie-Messungen

Ehe die beunruhigenden, neuesten politischen Tendenzen diskutiert werden, soll danach gefragt werden, wie es überhaupt weltweit um die demokratischen Regierungssysteme nach dem Ende der kriegerischen Schrecken der ersten Hälfte des 20. Jahrhunderts steht. Ohne eine solche Vergleichsperspektive werden Urteile und Prognosen über politische Entwicklungen allzu sehr nur vom (keineswegs unbegründeten) aktuellen Erschrecken angesichts neuester Autoritarismen gespeist.

So erinnere man sich beispielsweise daran, dass von den 1950er-Jahren bis in die 1990er-Jahre hinein weite Teile des südamerikanischen Kontinents von Militärdiktaturen beherrscht waren, bei deren Etablierung die USA eine entscheidende Rolle spielten,[4] weil sie – vergleichbar der Sowjetunion und ihrer Intervention in Afghanistan in den Jahren 1979 bis 1989 – in der von ihnen beherrschten Hemisphäre das Machtmonopol besaßen.

Wenn man danach fragt, wie viele Mitgliedsstaaten der Vereinten Nationen »demokratisch« sind, ergibt sich – zumindest nach dem Demokratieindex der Zeitschrift The Economist – für das Jahr 2020 folgendes Bild: 75 der erfassten Staaten wurden als »Demokratien« bewertet, davon 23 als »vollständige« (= 13,8 Prozent der Länder und 8,4 Prozent der Weltbevölkerung); 52 Staaten galten als »unvollständige« Demokratien (= 31,1 Prozent der Länder und 41 Prozent der Weltbevölkerung); 35 Staaten wurden »Hybridregime« genannt, und schließlich gab es 57 »autoritäre« Regime (35,6 Prozent der Weltbevölkerung). Bis zum Jahr 2018 kamen drei weitere »vollständige Demokratien« hinzu, während die Zahl der autoritären Regime stabil blieb.[5] Da kann man im Weltmaßstab von einer Dominanz demokratischer Staaten wahrlich nicht sprechen.

Neue Bedrohungen der Demokratie von innen und außen

Aktuell alarmierend ist in Europa die Herausbildung autoritärer Regierungen sogar innerhalb der Europäischen Union, so in Polen durch die PiS-Partei, in Ungarn, für das Ministerpräsident Viktor Orbán die »illiberale Demokratie« ausrief, sowie ansatzweise auch in der Tschechischen Republik – Rumänien und Bulgarien sind weitere Problemfälle, nicht weniger Albanien als Beitrittskandidat der EU.

Eine Abwehr des neuen Autoritarismus durch die EU erweist sich als schwierig: Schon im Fall des Aufstiegs der »Freiheitlichen Partei« in Österreich war dies misslungen und wurde bezüglich Ungarns und Polens nicht einmal mehr versucht. Gleichwohl bemüht sich die EU-Kommission darum, diese Mitgliedsstaaten zumindest zu einer Abmilderung ihrer antidemokratischen Praktiken zu zwingen, indem sie

Finanzmittel entzieht oder kürzt. Das belegt der Vorstoß der Kommissionspräsidentin Ursula von der Leyen, finanzielle Sanktionen zumindest dann durchsetzen zu können, wenn der Europäische Gerichtshof eine Maßnahme dieser Staaten als rechtswidrig befunden hat.[6] Hier rächt sich, dass bei der enormen Erweiterung der EU nach dem Zusammenbruch der sowjetischen Hegemonie in Mitteleuropa das Einstimmigkeitsprinzip in allen wichtigen Fragen erhalten blieb und vor allem, dass Staaten, welche die Prinzipien der EU verletzen, nicht durch Mehrheitsbeschluss von der Mitgliedschaft ausgeschlossen werden können. Der Zwang zur Einstimmigkeit war in der unmittelbaren Nachkriegssituation, als die Römischen Verträge ausformuliert wurden, noch problemlos, zumal er damals dem Schutz der Benelux-Länder als kleinsten Partnern innerhalb der Europäischen Union diente.

Über die »De-Europäisierung« durch Polens Kollisionskurs hat Piotr Buras, der Chef des »Warsaw Office of the European Council on Foreign Relations«,[7] gezeigt, wie seit dem Oktober 2015 die polnische Politik »auf den Kopf gestellt« wurde, indem die PiS-Partei zunehmend die demokratischen Institutionen angriff. Insbesondere wurde die Unabhängigkeit des polnischen Verfassungsgerichtes ausgehöhlt, was die Gewaltenteilung zwischen Politik und Rechtssystem massiv schwächte. Zugleich wurden die Konflikte mit Brüssel ständig verschärft und in den polnischen Staatsmedien eine zunehmend anti-westliche Propaganda betrieben. Dabei wird die Mitgliedschaft in der EU zugleich nicht infrage gestellt, einmal, weil 84 Prozent der polnischen Bürgerinnen und Bürger sie bejahen,[8] vor allem aber, weil die enormen EU-Fördermittel für Polen unverzichtbar sind und die wirtschaftliche

Transformation in den vergangenen 25 Jahren diesem Finanz-transfer wesentlich zu verdanken ist.[9] Zugleich strebt Polen eine »Re-Nationalisierung« wirtschaftlicher Unternehmen an und verlegt sich auf eine Doppelstrategie: einerseits von der EU zu nehmen, was möglich ist, und andererseits als Gegen-gewicht die wirtschaftlichen Beziehungen zu China schnell auszubauen. Höchst beunruhigend ist zudem, dass die Tür-kei, obwohl NATO-Mitglied, ein durchgreifend autoritäres Regimes etabliert hat.

Vor dem Hintergrund der vertraglich vereinbarten Ver-minderung der Flüchtlingsmigration nach Griechenland mit diesem autoritären Staat werden weiterhin Beitrittsverhand-lungen zur EU fingiert.

Längst zuvor schon entstanden in vielen europäischen Ländern einflussreiche rechtspopulistische Bewegungen wie der 1972 gegründete *Front National*, später *Rassemblement National*. Es folgten in Italien die verschiedenen Kabinette unter Silvio Berlusconi und dessen Zusammenarbeit mit der *Alleanza Nazionale*, die aus einer neofaschistischen Partei hervorgegan-gen war, sowie der rechtspopulistischen *Lega Nord*. Schließ-lich erschienen mit Wladimir Putin und Donald Trump zwei autoritär-populistisch agierende Präsidenten – wenn auch in unterschiedlichen Verfassungssystemen.

Das »Ende der Nationen« als demokratische Weltgesellschaft?

Die Europäische Wirtschaftsgemeinschaft (EWG) und späte-re Europäische Union (EU) ist »demokratisch«, weil sie nach 1945 die einst verfeindeten Staaten nun als liberale Demokratien eng miteinander verbunden hat. Allerdings ist sie abhängig von den Entscheidungen der obersten Repräsentanten der jeweiligen Exekutivorgane der Mitgliedstaaten, während das Parlament relativ schwach ist und die Einflüsse auf die Europäische Kommission, etwa durch Lobbyisten unterschiedlichster Art, wenig rückgekoppelt sind an die einzelnen Länder. Insofern ist die EU entgegen dem gängigen Vorurteil zwar kein Bürokratie-Moloch, jedoch ein administratives System mit weitreichenden Exekutivrechten.[10] Die antidemokratischen Blockaden durch europäische Mitgliedsländer, die ständig von ihrem Vetorecht Gebrauch machen, belegen, wie wichtig eine demokratische Politik in *allen* Mitgliedstaaten wäre, um die EU als Ganzes »demokratisch« nennen zu können.

In einem noch viel höheren Maße sind die Vereinten Nationen nur bedingt »demokratisch«, weil im Sicherheitsrat als wichtigstem Gremium durch das Vetorecht der einstigen Siegerstaaten über Hitler-Deutschland alle strittigen Entscheidungen blockiert werden können. Beide Beispiele zeigen, dass die Orientierung an internationalen und transnationalen Institutionen zumeist Ausdruck einer demokratischen Kultur ist, während die übergreifenden Institutionen vielfältige Demokratiedefizite aufweisen.

Vor diesem Hintergrund wende ich mich gegen die These von der zunehmenden Funktionslosigkeit der Nationalstaaten. Meines Erachtens irrte Ulrich Beck, als er in den Einzelstaaten nur noch angemaßte »Staatscontainer« sah, in welche die jeweilige »Gesellschaft« (wenigstens analytisch von den meisten Soziologinnen und Soziologen) hineingeworfen werde.[11] Ihm erschienen die Einzelstaaten als derart obsolet, dass er sogar behauptete: »Es gibt Deutschland nicht mehr; ebenso

27

wenig Frankreich, Spanien, Italien, ja selbst Großbritannien. Denn Europa und seine Nationalgesellschaften verflechten, durchmischen, durchdringen sich immer mehr.«[12] Heute zeigt sich hingegen sehr deutlich, dass diese Staatsgebilde (ohne ein illusionär-uneingeschränktes Souveränitätsdenken) noch für lange Zeit Institutionen der politischen Legitimation und der Übersetzung transnationaler Debatten und Entscheidungen für das je eigene Territorium bleiben werden.

Aus eben diesen Gründen scheint mir auch der Begriff »Weltgesellschaft« in die Irre zu führen. Unbestreitbar ist eine mediale Vernetzung der gesamten Welt, durch die viele Lebensbereiche und ganz gewiss die wirtschaftlichen und politischen Tatsachen funktional miteinander verbunden sind. Aber eine »Gesellschaft« ist daraus nicht erwachsen, sondern nur eine dichte Verflechtung der meisten Gesellschaften in der Welt. In der Corona-Pandemie sah man übrigens beides, nämlich die Globalität der Virenausbreitung und die sehr unterschiedlichen Maßnahmen und Schicksale nationaler Regulierungssysteme.

Der Aufstand der Benachteiligten

Nicht zuletzt erinnert (von Manipulationen nicht frei) die erschreckt wahrgenommene »Volkes Stimme« auch an jene formelhaft längst bis in die Lokalpresse verbreitete Einsicht, dass als Ergebnis der neoliberalen Expansion nach innen in vielen Gesellschaften eine zunehmende soziale Polarisierung stattgefunden hat, ein »Auseinandergehen der gesellschaftlichen Schere« zwischen Arm und Reich.

Während durch einen vorherrschenden Neoliberalismus in

allen kapitalistischen Ländern Privatisierungen öffentlicher Einrichtungen betrieben wurden, hatte man es in Ostdeutschland nach 1990 mit einer ›doppelten Privatisierung‹ zu tun, nämlich der gesamten Gesellschaft. Vorherrschend war – mit Ronald Reagan und Margaret Thatcher als Symbolfiguren – ein Ökonomismus, der bis heute als Modell der Zukunft angepriesen wird. Er beruht auf dem im wirtschaftswissenschaftlichen Mainstream lange schon verbreiteten Vorurteil, dass der Staat der Feind einer prosperierenden Wirtschaft sei und dessen Handlungsspielräume möglichst einzuschränken seien.

Die sich hieraus ergebenden Aktivitäten begünstigten die Unterminierung der (politischen) Demokratie und beförderten den Aufstieg rechtspopulistischer Regierungen und Parteien. Denn diese sind »Produkte von Modernisierungskrisen«, also der Verbindung von steigender Lohnkonkurrenz und der Polarisierung von »Arm und Reich« (Verteilungskrise), einer Differenzierung von Lebensstilen und der Infragestellung einer homogenen Nation (Identitäts- und Sinnkrise). So wurde auch ein zunehmender Vertrauensverlust in die Politik erzeugt (Repräsentationskrise).[13] In diesem Zusammenhang gelang es der AfD, eine »Kulturalisierung von Ängsten« zu erzeugen.[14] Und hierzu passt dann auch das von Bundeskanzlerin Angela Merkel in Umlauf gebrachte Unwort, wonach wir eine »marktkonforme Demokratie« bräuchten, auf welche sich die parlamentarische »Mitbestimmung« einstellen müsse.[15] In Italien war es Silvio Berlusconi, der versprach, sein Land künftig nicht mehr als einen Staat zu regieren, sondern als Unternehmen, was ihm auch gelang, denn am Ende waren – wie im Falle eines in Konkurs gegangenen Betriebes – die öffentlichen Kassen leer.

Das Vertrauen in die politischen Institutionen und die Demokratie ist eng verbunden mit der eigenen sozialen Lage und den Erwartungen an die Sozialpolitik: Hiermit zufrieden oder sehr zufrieden sind in der BRD 46,6 Prozent, unzufrieden oder sehr unzufrieden hingegen 53,4 Prozent der Befragten; die Nichtwähler sind sogar zu 70 Prozent unzufrieden, und für die neuen Bundesländer gilt das für mehr als ein Drittel der Befragten.[16] Dies ist sicher eine Quelle für eine mentale Distanzierung von der Politik, wie es durch die hohen Zahlen der Nichtbeteiligung an politischen Wahlen belegt ist.

Transformation in den neuen Bundesländern[17]

Bei der Beurteilung der politischen Einstellungen in den neuen Bundesländern sollte bedacht werden, dass der Zusammenbruch einer Gesellschaft tiefgreifende Folgen hat. Die deutsche Wiedervereinigung war zwar verbunden mit vielfältigen Verbesserungen der Lebenslage und vor allem der nun möglichen Freiheitsgrade. Aber zugleich verknüpft mit neuartigen Zumutungen und Schocks. Am dramatischsten war die Deindustrialisierung in den 1990er-Jahren. Anders als viele Westdeutsche dachten, war die DDR – trotz ihres chronischen Legitimationsdefizits – nicht ohne innere Unterstützung durch die Mehrheit ihrer Bürger. Allerdings bildete sich bei den meisten eine »Halbdistanz« zu »ihrem« Staat heraus, weil er allzu viele Versprechen nicht zu halten vermochte und versuchte, Kritik daran durch eine autoritäre Überwachung zum Schweigen zu bringen. Auch gehörte es zu dem in den 1980er-Jahren um sich greifenden Kontrollverlust der Herrschenden, dass die Überwachung ständig intensiviert und Misstrauen zum Prinzip einer vermeintlichen Ordnungsrettung wurde. Daraus folgten vielfältige Formen des Rückzugs und einer inneren Abwehr den politischen Verhältnissen gegenüber. Dieser Distanz-Realismus wurde von vielen auf das neue, aus Westdeutschland übernommene parlamentarische System übertragen – wenn auch aus gänzlich anderen Gründen.

Man kann das verstehen, wenn man bedenkt, dass die Wiedervereinigung verbunden war mit – den Transformationsprozess vielfältig erleichternden – Formen einer »Überlagerung« durch westdeutsche Rechtsnormen, Institutionen und das Begleitpersonal in funktionsbedeutsamen Positionen. So wurden die nach dem Zusammenbruch der DDR gerne genossenen Vorteile in einer pluralistischen Gesellschaft mit der Hypothek jeweils unterschiedlicher Unterlegenheitsgefühle verknüpft.

Wolfgang Zapf (1994: 300 f.) hat die Situation nach der ersten Konsumwelle in Ostdeutschland folgendermaßen charakterisiert: »Was die Kapitalisten können, haben sie [...] gezeigt: sie können nicht oder nur langsam neue Arbeitsplätze schaffen, aber sie können sehr schnell liefern und verkaufen.« Auch erschien ihm als »eine ökonomistische Illusion«, dass die Privatisierung automatisch Wachstum erzeuge.[18] Auch war das mit einer interessanten Verschiebung verbunden: Den schnell befriedigten Konsum schrieb man »der Wirtschaft«, die plötzliche Massenarbeitslosigkeit nach einer Vergangenheit mit politisch erzeugter Vollbeschäftigung allein den staatlichen Instanzen zu.

Trotz aller – etwa in den Auftritten von Pegida[19], Querdenkern etc. gespiegelten und verschärften – Abwertungen der beste-

31

henden demokratischen Institutionen gibt es neuerdings in Umfragen eine Annäherung zwischen Ost und West. In einer Umfrage von Eurostat waren 1990 78 Prozent im Westen und 57 Prozent im Osten mit der Demokratie zufrieden, während die Diskrepanz 1993 größer war, nämlich mit einer westlichen Zustimmung von 57 Prozent der Befragten und nur 32 Prozent der im Osten Lebenden. Im Jahre 2019 war das Verhältnis 72 Prozent zu 54 Prozent. Daraus folgerte Detlef Pollack, dass generell demotivierende Enttäuschungen im öffentlichen Diskurs eine zentrale Rolle spielen, während sie in repräsentativen Befragungen nicht in gleicher Weise sichtbar werden. So erweisen sich Kränkungsdiskurse und Wahlhandlungen nicht immer eng miteinander verknüpft.[20]

Entpolitisierung?

In alledem zeigt sich eine Transformation des Politischen, besonders mit Blick auf die transnationale Struktur der Europäischen Union, aber auch auf die globalisierte und vom »Globalismus« beherrschte Welt.[21] Bei den rechtspopulistischen Demonstrationen und Parteibildungen, die seit den 1990er-Jahren in Europa an Resonanz gewonnen haben, sind es zumeist innergesellschaftliche Spannungen, welche auf eine transnationale Ebene verlagert werden. Augenblicklich ist es die Angst vor Flüchtlings- und Migrationsströmen im 21. Jahrhundert, die verbindende und zugleich auch spaltende Schreckensszenarien ermöglicht.

Wie negativ aufgeheizte Gefühlslagen durch Faktenverachtung und unhaltbare Vereinfachungen erzeugt werden können, wurde seit der Wahl Donald Trumps zum 45. Präsidenten der USA mit Erschrecken bemerkt und führte weltweit zum Topos der *fake news*. Übertreibungsformeln und Bedrohungsdramatisierungen, welche »unhaltbare Zustände« (gerade auch in den »reichen Gesellschaften«) behaupten, produzieren unterschiedliche Formen des Misstrauens gegenüber »der Politik«. Das zeigt sich an den zunehmend gegen Establishment-Gruppen gerichteten Wahlen in den vergangenen zwanzig Jahren. Gleichwohl gibt es als Reaktion auf die aggressive Politikzerstörung auch Formen einer neuen Politisierung, vor allem der jungen Bevölkerung durch die Aktionen von *Fridays for Future*.

Andererseits ist auch eine durch Versachlichung erzeugte Schwächung des Politischen zu bemerken, nämlich durch eine Herrschaft der »Sachzwänge«. Der Soziologe Helmut Schelsky prognostizierte in den 1960er-Jahren die Unabwendbarkeit eines »technischen Staates« als zentraler Organisation von Expertenentscheidungen. Keineswegs durch Revolution, vielmehr durch diese Versachlichung von Politik werde die Herrschaft von Menschen über Menschen aufgehoben. Dabei sah er durchaus, dass diese expertokratischen Entscheidungsfindungen, »ohne antidemokratisch zu sein, der Demokratie ihre Substanz« doch entziehen könnten. Somit war die Gefahr einer »Entpolitisierung« und »Entdemokratisierung« längst schon aktuell.[22] In den 1970er-Jahren galt dieser »technokratische Konservatismus« allerdings als ausgesprochen »reaktionär«, während man heute in allen Parteien die Bestärkung dieses Prinzips findet. Bundeskanzlerin Angela Merkel als sozusagen unpolitisch erscheinende »Notarin« der Notwendigkeiten wird dafür geliebt, dass sie die Bevölkerung nicht mit zu viel Politik belästigt. Das änderte sich, nachdem sie angesichts einer Notlage von Asylsuchenden und Flüchtlingen am 31. August 2015 mutig, allerdings ebenfalls unbestimmt sagte: »Deutschland ist ein starkes Land. [...] Wir haben so vieles geschafft – wir schaffen das!«

Die Unverzichtbarkeit einer aktiven Bürgerschaft

Demokratien als riskante Staatsform müssen immer verteidigt werden – schon in der griechischen und römischen Antike. Denkt man an die neuere deutsche Geschichte, so gilt das für die gerade von großen Teilen der Eliten verachtete Weimarer Republik.

Obwohl »Bonn nicht Weimar«[23] war und dies auch für das wiedervereinigte Deutschland gilt, leben wir in einer Zeit, in der es so scheint, als würden die ohnehin wenigen demokratischen Systeme zunehmend zersetzt und gefährdet. Dieser Eindruck wird auch dadurch bestärkt, dass die modernen Kommunikationsmittel weltweit einerseits eine gesteigerte Sensibilität für Diskriminierungen etc. begünstigen (was zu begrüßen ist) und auf der anderen Seite zugleich eine extreme diskursive Verrohung erlauben – und nicht selten spielt beides zusammen. Hellsichtig hatte der Philosoph und Soziologe Arnold Gehlen[24] schon 1960 formuliert: »Auf den geistigen Gebieten [zeigen sich] entweder Dogmatismus und Hang zur Rechthaberei oder umgekehrt Kritiklosigkeit und Leichtgläubigkeit.«

Gerade deshalb ist im Diskurs über die Stärkung demokratischer Strukturen von einer Hysterisierung gegenüber abweichenden politischen und weltanschaulichen Positionen abzuraten und eine sachliche Auseinandersetzung immer

34

neu zu versuchen. Auch hat sich das Prinzip der »wehrhaften Demokratie« durchaus bewährt. Man denke nur an die zahlreichen Verfassungsjuristen, die während der Corona-Pandemie davor gewarnt haben, die Grundrechte zu unterminieren. Gleichwohl ist die Verteidigung demokratischer Prinzipien nicht einfach den dafür zuständigen Institutionen zu überlassen. Vielmehr bedarf es immer wieder auch einer kritischen und aktiv sich einmischenden Zivilgesellschaft. Das ist leichter gesagt als getan, wenn die eigentliche Stabilität der politischen Ordnung zunehmend auf dem – auch für die Wirtschaft notwendigen – Massenkonsum (den ich nicht kulturkritisch abwerte) beruht. Und die bereits erwähnte Verschlechterung der wirtschaftlichen Lebenschancen großer Bevölkerungsgruppen könnte durchaus zur Aufkündigung eines allgemein angenommenen Konsenses über die parlamentarische Ordnung führen.

Die »schweigende Mehrheit« kann einerseits ein Zeichen für die Stabilität eines parlamentarischen Systems sein – wie man das in der Bundesrepublik als einer Sekuritätshochburg annehmen könnte. Aber zugleich kann dieses Schweigen zerstörerisch sein, wenn sich kaum noch jemand herausgefordert fühlt, die demokratischen Werte offen zu vertreten. Der Ruf nach einem Engagement der Zivilgesellschaft kann kaum originell erscheinen, aber notwendig ist er in jedem Fall. Zur Stärkung der Demokratie bedarf es eben gerade auch politisch aktiver Bürgerinnen und Bürger.

Berlin ist nicht Weimar – was wir aus dem Scheitern der Weimarer Republik noch immer lernen können

von Eckart Conze

Seit einigen Jahren ist in Deutschland in der Auseinandersetzung mit aktuellen politischen und gesellschaftlichen Entwicklungen wieder viel von »Weimarer Verhältnissen« die Rede.[1] In der Frühzeit der »alten« Bundesrepublik war dieser Vergleich omnipräsent. Die Weimarer Erfahrung prägte nicht nur den Wiederbeginn der Demokratie nach 1945, die Verfassungen der Länder und das Grundgesetz, sondern die vergleichende Distanzierung von der ersten deutschen Demokratie – »Bonn ist nicht Weimar« – betonte und beschwor zugleich den Erfolg der zweiten.[2] Heute bezieht sich die Anspielung auf Weimarer Verhältnisse auf den aktuellen Aufstieg des Rechtspopulismus mit seinen fließenden Übergängen zum Rechtsextremismus, es geht um die Rückkehr des Nationalismus – und vor diesem Hintergrund auch um die Stabilität und die Zukunft unserer Demokratie selbst.

Die Herausforderung ist mitnichten auf Deutschland beschränkt. Sie betrifft die alten Demokratien des Westens ebenso wie die nach 1990 entstandenen jüngeren Demokratien im östlichen Europa. Vor diesem Hintergrund ist »Weimar« auch zum Schlagwort der internationalen Debatte geworden. Von »Weimar America« hat etwa der Journalist Roger Cohen in der *New York Times* schon vor der Trump-Präsidentschaft gesprochen, das bezog sich auf die Lähmung des politischen Systems ebenso wie auf die extreme politische Polarisierung und eine immer stärker von Hass und Hetze durchzogene politische Kultur. Als »Weimar Moment« ist die Erstürmung des Kapitols durch rechtsradikale Anhänger Donald Trumps, aufgestachelt durch den abgewählten Präsidenten selbst, in der Zeitschrift *Foreign Policy* bezeichnet worden. Als politische Metapher hat sich »Weimar« von den konkreten historischen Zusammenhängen in Deutschland zwischen 1918 und 1933 gelöst, der Begriff weckt vielerorts entsprechende Assoziationen.

Dennoch ist die historische Bezugnahme in Deutschland selbst besonders ausgeprägt, weil sich hier die Erfahrung des Verlusts, ja der Zerstörung der Demokratie tief ins kollektive Gedächtnis eingebrannt hat und weil deren Entwicklung nach 1945 aufs Engste mit dem Scheitern der Weimarer Republik und dem Versuch, daraus zu lernen und eine Wiederholung zu verhindern, verbunden ist. Dass auf Weimar der Nationalsozialismus folgte, bestimmte lange das Bild der Weimarer Demokratie, die so gut wie ausschließlich von ihrem Ende her bewertet wurde. So setzte sich in gewisser Weise das negative Bild der Weimarer Republik, das ihre Gegner nach 1918 zeichneten und das auch ein zentrales Element der NS-Ideologie war, nach 1945 fort. Die Weimarer Republik wurde als eine ungewollte, schwache und defizitäre Demokratie wahrgenommen. Von den Chancen, Perspektiven, Hoffnungen, die dieser Demokratie auch innewohnten, war demgegenüber nur wenig die Rede. Den Autoritarismus und Militarismus des Kaiserreichs überwunden, den Durchbruch zur Freiheit und einen gewaltigen sozialen Fortschritt erreicht zu haben, für diesen berechtigten Enthusiasmus ihrer Frühzeit war in den Weimar-Narrativen der jungen Bundesrepublik kein Platz. Denn »Bonn« war ja nicht »Weimar«.

Bis heute ist die Demokratiegeschichte der Weimarer Republik eine weithin düstere Erzählung des vorgezeichneten Untergangs mit einem einzigen Fluchtpunkt: 1933. Erst in jüngerer Zeit haben Wissenschaft und öffentliche Erinnerung auch andere Akzente gesetzt. Bundespräsident Frank-Walter Steinmeier sprach vom 9. November 1918 als einem »Meilenstein der deutschen Demokratiegeschichte«, dem ein herausragender Platz in der Erinnerungskultur unseres Landes gebühre.[3] Die Demokratie, die 1918/19 in Deutschland entstand, wurde von ihren Feinden vernichtet. Die Idee der Demokratie freilich konnten sie nicht zerstören, sie überlebte, aus ihr speiste sich der politische Neubeginn nach 1945.

Aber es ist richtig: Auf die Frage »Wie Demokratien sterben«[4] gibt die Geschichte der Weimarer Republik noch immer wichtige Antworten. Man darf dabei freilich den Blick nicht allein auf die Feinde der Demokratie richten. Ebenso wichtig sind die politischen Dynamiken in der Mitte der Gesellschaft. Die Erosion dieser Mitte, politisch wie sozial, trug mindestens so sehr zum Scheitern der Demokratie bei wie der Angriff der Republikfeinde, war sogar eine, wenn nicht die entscheidende Voraussetzung für diese erfolgreiche Attacke. Der von Beginn an prekäre demokratische Zusammenhalt der Gesellschaft stabilisierte sich kaum. Selbst die Zeit zwischen dem Ende der Inflation und dem Beginn der Weltwirtschaftskrise, die vermeintlich »goldenen« Zwanzigerjahre, war nur eine Phase scheinbarer Beruhigung und Konsolidierung. Unter der Oberfläche wirkten politische, soziale, ökonomische und kulturelle Dynamiken, die zur weiteren politischen und sozialen Fragmentierung der Gesellschaft beitrugen, die Konsenspotenziale zerstörten und die Herausbildung existenziell notwendiger demokratischer Gemeinsamkeit untergruben.[5] Die mangelnde Entschlossenheit, die Demokratie zu verteidigen, speiste sich auch daraus.

Als die Weimarer Republik am Ende des Ersten Weltkriegs mit einer Revolution begann, waren die Deutschen alles andere als erfahrene Demokraten. Das Kaiserreich war ein autoritärer Nationalstaat, dessen Verfassung mit ihren politischen Institutionen im Kern darauf zielte, eine freiheitliche Demokratie zu verhindern.[6] Der Reichstag blieb in seinen Rechten beschränkt. Ein parlamentarischer Staat war das Kaiserreich gerade nicht. Weder bildeten die Abgeordneten mit ihrer Mehrheit die Regierung, noch war die Regierung dem Parlament verantwortlich. Angesichts dessen lief die breite Politisierung der Gesellschaft durch Interessenverbände, Massenorganisationen und reichweitenstarke Medien ins Leere, was die Voraussetzung dafür schuf, dem Parlament mit seinen gewählten Abgeordneten einen vermeintlichen »Volkswillen«, auf den sich erst Bismarck, später Wilhelm II. beriefen, entgegenzustellen und dadurch Volk und Parlament gegeneinander auszuspielen. Für den Kaiser war der Reichstag das »Reichsaffenhaus«, für die nationalistische Rechte eine »Schwatzbude«, später dann, im Ersten Weltkrieg, die »Lügenzentrale«. Das Parlament, so seine Gegner, repräsentierte nicht die völkisch bestimmte Einheit der Nation, sondern ihre Gegensätze, ihre Zerrissenheit.

Von einer Anerkennung der Pluralität einer modernen Gesellschaft war das weit entfernt, und für den Übergang zur parlamentarischen Demokratie waren es keine guten Voraussetzungen. Unversöhnlich standen sich erst recht nach der Revolution von 1918 die politischen Lager gegenüber. Die Vorstellung einer demokratischen, liberalen und pluralistischen Nation, für die Sozialdemokraten, Zentrum und Liberale sich einsetzten, wurde von Angehörigen der alten und neuen Rechten als nationale Schwäche, Zersplitterung und Ohnmacht interpretiert und bekämpft. Und mit dieser angeblichen mangelnden nationalen Einheit erklärten sie auch Kriegsniederlage und Revolution. Antisemitismus war von Anfang an ein integraler Bestandteil dieses Nationalismus, der sich nach dem Versailler Vertrag noch weiter radikalisierte. Von Beginn an stand die Weimarer Republik unter dem Dauerbeschuss der Nationalisten. Ein demokratischer Nationalismus konnte sich so nicht entwickeln. Stattdessen verbündeten sich alte und neue Nationalisten und bekämpften unter dem Banner der »nationalen Sammlung« gemeinsam Republik und Demokratie.

Zu keinem Zeitpunkt zwischen 1918 und 1933 erkannte die politische Rechte die Republik an oder unterstützte die freiheitliche Demokratie. Diese Rechte war charakterisiert durch fließende Übergänge zwischen dem nationalistischen Konservatismus der Deutschnationalen Volkspartei (DNVP) und dem noch radikaleren Nationalismus der Nationalsozialisten. Im Ziel, die Republik zu zerstören, waren sich Deutschnationale und Nationalsozialisten einig, wenn sie sich auch in ihren politischen Zukunftsvorstellungen – Restauration der Monarchie oder autoritärer Führerstaat – unterschieden.

Beide rechten Parteien profitierten seit den späten 1920er-Jahren von der doppelten Krise und der Krisenwahrnehmung der Menschen, der sie nationale Gemeinschafts- und Geschlossenheitsvorstellungen als Mittel zur Krisenüberwindung entgegenstellten. Bei Wahlen waren die Nationalsozialisten, die 1930 zur zweitstärksten Fraktion im Reichstag geworden waren und zwei Jahre später mit 37,3 Prozent den höchsten Stimmenanteil erhielten, erfolgreicher als die DNVP. Aber beide Parteien trafen sich in der unablässig propagierten Botschaft, die Einheit der Nation, die Volksgemeinschaft, sei zu erreichen, wenn man nur die sie zerstörenden Kräfte – Linke, Juden, Demokraten – ausschaltete.

Das war der Kern des rechten Populismus der Zwischenkriegszeit. Die Parallele zum Rechtspopulismus der Gegenwart liegt in der Ablehnung der politischen, sozialen und kulturellen Vielgestaltigkeit der Gesellschaft.[7] Pluralität und Diversität werden jedoch nicht nur kritisiert, sondern ihnen werden ein angeblich geschlossenes »Volk« und ein angeblich klar identifizierbarer »Volkswille« entgegengestellt.[8] Vom »eigentlichen Volk« ist dabei immer wieder die Rede, das in den »etablierten« Parteien und Parlamenten, überhaupt in den Verfassungsinstitutionen, und von den politischen Eliten, »denen da oben«, nicht repräsentiert sei. Nicht repräsentiert im »System« und von den »Systemparteien«, wie es in Weimar hieß. Alexander Gauland, damals noch Bundessprecher der AfD, hat in einem doppelten Vergangenheitsbezug – DDR 1989 und Weimar – im Herbst 2018 zu einer »friedlichen Revolution« gegen das politische »System« der Bundesrepublik aufgerufen.[9] Um einen vermeintlichen »Volkswillen«, der im »System« nicht vertreten werde, geht es, wenn Pegida-Anhänger, wiederum in bewusster Aneignung des Erbes der demokratischen Revolution von 1989 in Ostdeutschland, »Wir sind das Volk!« brüllen. Von Freiheit und Demokratie im Sinne von 1989 ist dieser populistische Bezug auf das Volk weit entfernt. Er bestreitet vielmehr die Legitimität demokratischer Institutionen sowie Entscheidungen. Er widerspricht der politischen und kulturellen Heterogenität moderner Gesellschaften, die er auf den einfachen – und vereinfachenden – Gegensatz von »wir« und »die anderen« reduziert, auf den Gegensatz von »Freund« und »Feind« im Sinne von Carl Schmitt.

Bereits vor 1914 charakterisierte der Ruf nach der angeblich verlorenen nationalen Einheit die nationalistische Rechte. Deutschlands Weg in den Ersten Weltkrieg kann man in innenpolitischer Perspektive auch als einen Versuch des nationalistischen Lagers interpretieren, diese durch einen Krieg wieder zu erreichen. Ein neuer Reichseinigungskrieg à la 1870/71 sollte die autoritäre politische Ordnung des Kaiserreichs restabilisieren und den Ansturm der demokratischen Kräfte, allen voran der Sozialdemokratie, zurückdrängen. Diese Strategie ging nicht auf, an ihrem Ende standen vielmehr Kriegsniederlage und Revolution. Es blieb aber nach 1918 das rechtspopulistische und rechtsextreme Standardargument, nicht zuletzt in Gestalt der »Dolchstoßlegende«, der Verlust nationaler Geschlossenheit, innere Konflikte und schließlich die Revolution hätten die Kriegsniederlage herbeigeführt. Das verband sich mit dem Vorwurf, die republikanisch-demokratischen Kräfte, die »Novemberverbrecher«, seien auch verantwortlich für den Versailler Vertrag mit seinen schweren Belastungen für Deutschland.[10] Die »Dolchstoßlegende« war die wichtigste und wirksamste *Fake News* der Weimarer Republik, vergleichbar mit der Lüge Donald Trumps und seiner Unterstützer von der »gestohlenen« Präsidentschaftswahl 2020. Sie war auch Teil kruder und stets antisemitischer Verschwörungstheorien, ganz gleich, ob nun von einer »jüdisch-freimaurerischen Verschwörung« oder von der »jüdisch-bolschewistischen Weltverschwörung« die Rede war. Hundert Jahre später raunen – nicht weniger verschwörungstheoretisch und kaum weniger antisemitisch – neue Nationalisten von den antideutschen Machenschaften von »Sozialisten«, nicht selten auch »Ökosozialisten«, von »Internationalisten« oder »Globalisten«.

Trotz Versailler Vertrags war die überwiegende Mehrheit der Deutschen nach 1918 zunächst bereit, sich zu Republik und Demokratie zu bekennen. Aber mit den politischen Prägungen des Kaiserreichs eine republikanisch-demokratische Identität zu entwickeln war schwer. Es brauchte Zeit und positive Identifikationsmöglichkeiten, die es jedoch wegen der ökonomischen Krise der Jahre bis 1923/24, der Inflation, und dann wieder ab 1929 nicht gab. Die fünf Jahre dazwischen reichten schlicht nicht aus, zumal der Angriff auf Republik und Demokratie nicht nachließ und die Feinde der Demokratie ab 1925 in Reichspräsident Hindenburg einen mächtigen Unterstützer hatten.

Erneut propagierten die extremen Nationalisten die Vorstellung verlorener nationaler Geschlossenheit und attackierten diejenigen Kräfte, die sie angeblich zerstörten beziehungsweise verhinderten, dass die sogenannte nationale Einheit wiederentstehen konnte. Eine komplexe Gesellschaft in einer komplexen Welt mit ihren Krisen, Problemen und Konflikten wurde auf diese Weise ideologisch auf einen einzigen Grundgegensatz – Gemeinschaft versus Gemeinschaftsfeinde beziehungsweise Gemeinschaftsfremde – reduziert und durch den permanenten Verweis auf diesen zugleich erklärt. Darüber hinaus ließ der Antisemitismus, der gleichsam in den genetischen Code der nationalistischen Demokratiegegner eingeschrieben war, keinen Zweifel, wer denn der größte und gefährlichste Gemeinschaftsfeind sei. Jeder Hinweis auf die Komplexität politischer Probleme oder sozialer Entwicklungen wurde bestritten. Für das komplizierte Ringen um politische Lösungen war in dieser Deutung kein Platz. Alternative Fakten und simplifizierende Erklärungen traten an ihre Stelle. Adolf Hitler selbst wies schon in den 1920er-Jahren die Feststellung, die moderne politische und soziale Welt sei komplex, als bösartige Propaganda der Demokraten zurück. Der »künstlichen Komplizierung« des öffentlichen Lebens stellte er die »natürlichen Lebensgesetze« und den »natürlichen Instinkt« des Volkes entgegen.[11] Das »gesunde Volksempfinden« wurde später, nach 1933, zu einer zentralen Vokabel in der Sprache der nationalsozialistischen »Volksgemeinschaft« und nicht zuletzt zur Legitimationsformel der NS-Justiz und ihrer Terrorurteile.

Parteien und Politiker, die sich den einfachen Weltdeutungen nicht anschließen wollten und versuchten, der Komplexität politisch differenziert sowie durch die Bereitschaft zum Kompromiss zu begegnen, wurden diffamiert und im Wortsinn bis aufs Blut bekämpft. In dieser Perspektive führt eine blutige Spur von den tödlichen Attentaten auf die demokratischen Politiker Matthias Erzberger (1921) oder Walther Rathenau (1922) bis zur Ermordung Walter Lübckes (2019), von den Rechtsterroristen der »Organisation Consul« zum NSU. Die demokratische Presse, die nicht in den Chor der einfachen Lösungen einstimmte, die für Pluralität eintrat und diese positiv bewertete, wurde beschimpft: damals nicht als »Lügenpresse«, aber als »Asphalt-«, »System-« oder »Judenpresse«.

Die Weimarer Presselandschaft war weit entfernt von der heutigen Medienlandschaft. Aber das betrifft primär ihre Reichweite, ihre Formate, ihre technischen Möglichkeiten, ihre Dynamik und Geschwindigkeit – nicht ihre politisch-ideologische Aufspaltung und Kleinteiligkeit. Zeitungslesende in den 1920er- und frühen 1930er-Jahren waren nicht nur mit einer Flut von widersprüchlichen, oft auch falschen, nicht selten erlogenen Nachrichten konfrontiert – mit *Fake News*. Jedes Lager, jedes Milieu bildete seine eigene mediale Welt aus, hatte seine eigene Zeitung, die nicht auf breite Information abzielte, sondern auf die Bestätigung von Weltsichten und Gegenwartsdeutungen. Von Echokammern und Filterblasen kann man durchaus sprechen. Zeitungsredaktionen und die hinter ihnen stehenden Herausgeber oder Eigentümer – Alfred Hugenberg ist nur das prominenteste Beispiel – versuchten auch, den nachrichtlichen Inhalt von Zeitungen daran auszurichten, was die Leser zur Bestätigung ihrer politischen Ansichten lesen wollten. Das war nicht algorithmisch bestimmt, führte aber doch zu einer Art Blasenbildung, welche die Fragmentierung der medialen und politischen Landschaft befestigte und weiter vorantrieb – mit fatalen Folgen für die Suche nach politischem Konsens und Kompromiss. Denn beide sind abhängig von der grundlegenden Bereitschaft, auch andere Positionen als prinzipiell legitim anzuerkennen, als Beiträge zur Auseinandersetzung mit komplexen Problemlagen, in denen es keine einfachen Lösungen und auch keinen einheitlichen »Willen des Volkes« gibt.

Die Krise der Demokratie war keine deutsche Entwicklung, sondern sie erfasste das gesamte Europa der Zwischenkriegszeit. Überall verdankte sich der Aufstieg antidemokratischer und antiliberaler Strömungen und Regime fundamentalen gesellschaftlichen Veränderungen und, in deren Folge, Verunsicherungen. Diese reichten zwar zum Teil schon in die Vorkriegszeit zurück und waren mit dem Durchbruch der Moderne verbunden. Sie intensivierten sich aber durch den Krieg und die Nachkriegskrisen noch weiter, erlangten Breitenwirkung und wurden immer stärker politisch virulent – in den Verliererstaaten des Krieges und den jungen, ungefestigten Demokratien der Zeit nach 1918 noch stärker als anderswo.

Die erschütternden und verunsichernden Effekte von Krieg und Nachkrieg sind nicht zu bestreiten. Kulturelle und ökonomische Verunsicherung verstärkten sich wechselseitig. Ungewissheiten und Ängste bestimmten den Alltag der Menschen, nun auch der bürgerlichen Mitte. Das ließ ein breites Streben nach Sicherheit und Eindeutigkeit entstehen, welches die extremen politischen Ideologien mit ihren einfachen Antworten, ihrer Komplexitätsreduktion und ihren Schuldzuweisungen bedienten. Noch nach seiner Machtübernahme 1933 rechtfertigte der Nationalsozialismus seine Herrschaft der Gewalt und des Terrors mit dem Imperativ, ja dem Versprechen von Sicherheit durch die Überwindung von Unordnung, Komplexität, Pluralität. Nach Sicherheit sehnten sich viele Menschen in der Tat – wenn auch nicht unbedingt im Gewande des Autoritarismus.

Die tiefe Verunsicherung vieler Menschen war keine Erfindung. Sie wurde nicht von ihren späteren Profiteuren herbeigeredet, wohl aber ausgenutzt und bewusst verstärkt. In den Jahrzehnten zwischen 1890 und 1930 kam es zu massiven politischen, wirtschaftlichen und kulturellen Umwälzungen. Nahezu alle Lebensbereiche veränderten sich in einem enormen und sich immer weiter beschleunigenden Tempo. Das führte zu einer völligen »Entankerung« der traditionalen Welt.[12] Das meint nicht, dass diese traditionale Welt, auch mit ihren Wertvorstellungen und Lebensweisen, nicht mehr existierte, gerade auch im ländlichen Raum. Aber sie konnte immer schwerer in Übereinstimmung gebracht werden mit der sich geradezu explosionsartig verbreitenden Modernität

und deren Dynamiken, Spannungen und Krisen. Entfrem-
dungserfahrungen bestimmten weithin die Welt- und die
Gesellschaftswahrnehmung. Sie wurden verstärkt durch die
konkrete Erfahrung des technisch-industriellen Massenver-
nichtungskrieges und, im deutschen Fall, durch Revolution
und Demokratiegründung, die mit ihren krisenhaften Folgen
nicht dazu beitrugen, den Menschen ein Gefühl von Sicherheit zu vermitteln.

Der Historiker Detlev Peukert hat in seiner bis heute un-
übertroffenen Geschichte der Weimarer Republik von 1987 betont, dass sich jedes einzelne Krisensymptom der Zwischenkriegszeit auch in anderen modernen Industriegesellschaften
findet. Aber die Modernisierung wirkte in Deutschland brutaler, weil sie sich mit der deprimierenden Alltagserfahrung
von Krieg, Niederlage, dem Legitimationsverlust der alten
Werte, mit Inflation und – später – Weltwirtschaftskrise verband. Aus der Verknüpfung dieser einzelnen Faktoren entstand eine umfassende und einzigartige Krise der politischen
Legitimation und der sozialen Wertsysteme, die die Demokratie diskreditierte und dem Nationalsozialismus als vor-
gebliche Antwort darauf Tür und Tor öffnete.[13]

Die Erosion, zum Teil die Zerstörung traditioneller Ge-
wissheiten – man kann auch von Identitätsunsicherheit
sprechen – führte nicht nur zu individueller und kollektiver
Verunsicherung, sondern zur Entstehung von Bedrohungs-
wahrnehmungen, die sich in dem Maße verstärkten und politisch instrumentalisiert werden konnten, in dem sich diese
Identitätsunsicherheit mit sozialen Abstiegsängsten verband.
Das ist durchaus auch heute wieder zu beobachten. Für die
politische Radikalisierung in der Weimarer Gesellschaft und
für den Aufstieg des Nationalsozialismus, insbesondere seit

1930, waren das entscheidende Ursachen. Als »Volkspartei des Protests« hat der amerikanische Historiker Thomas Childers die aufsteigende NSDAP bezeichnet.[14]

Nicht in den Großstädten erzielte die NSDAP ihre ersten Erfolge. Zwar kamen die Nationalsozialisten bei den Reichstagswahlen 1930 in Berlin auf immerhin 12,8 Prozent der Stimmen, aber das lag sechs Punkte unter dem Reichsdurchschnitt. Gewählt wurden sie auf dem Land und in den kleineren Städten. Das war eine ganz andere Welt als die der großen Städte. Vor allem Berlin war die Metropole der Moderne – und wurde auch so wahrgenommen; mit einer ungebremsten und scheinbar schrankenlosen Modernisierung, mit Lebensstilen, die man in der Provinz nicht verstand, von denen man sich abgehängt fühlte und vor denen man Angst hatte. Eine Angst, die nur zu leicht ins Negative umschlagen beziehungsweise ins Negative gewendet werden konnte, gerade auch von den Nationalsozialisten: als Angst vor der Vermassung, vor einer immer weiter zunehmenden Entfremdung; als Ablehnung des »Asphaltdschungels« und des »Molochs« Großstadt, der für die einen ein Faszinosum, für viele andere jedoch ein Ort des Schreckens war. Darüber hinaus war die Großstadt, war Berlin auch der Schauplatz des Parteiengezänks, der Ort jener politischen Elite, der man Versagen vorwarf; der Ort des Systems, der Demokratie.

Im Beethoven-Saal der Alten Philharmonie in Berlin hat Thomas Mann nach den Septemberwahlen 1930 eindringlich seinen politischen »Appell an die Vernunft« formuliert. Immer wieder unterbrochen von Störern, forderte er insbesondere das deutsche Bürgertum dazu auf, sich nunmehr auf die Seite der Sozialdemokratie zu stellen, um Republik und Demokratie vor der »Hitlerei« zu retten. Aufgrund des

Absturzes der anderen Parteien beziehungsweise ihrer zunehmenden Republikfeindlichkeit war die SPD für ihn, den Konservativen, zur Partei der Demokratie geworden. Für Mann war 1930 der Moment gekommen, sich angesichts des Erstarkens der Feinde der Demokratie aktiv für die Demokratie einzusetzen. Die Auslieferung an ihre Todfeinde 1933 konnte das nicht mehr verhindern. Eine demokratische politische Kultur, auch das zeigt die Geschichte der Weimarer Republik, kann sich nicht in der Abwehr ihrer Feinde erschöpfen, sie braucht den Einsatz der Demokraten für die Demokratie selbst: aus demokratischer Verantwortung, mit demokratischem Pathos und, in den Worten Thomas Manns, in der Überzeugung, emotional wie rational, von der Demokratie als derjenigen Staats- und Gesellschaftsordnung, die »vor jeder anderen inspiriert ist von dem Gefühl und dem Bewusstsein der Würde des Menschen«.[15]

Angriff auf die Pressefreiheit

von Georg Restle

Journalist*innen, die sich nur noch mit Personenschutz nach draußen trauen, Schutzkleidung bei Dreharbeiten und ein mulmiges Gefühl bei Massenveranstaltungen: Was in Diktaturen und bei Kriegseinsätzen die Regel ist, gehört mittlerweile auch in Deutschland fast schon zum Alltag. »Im Pandemie-Jahr ist das Feindbild ›Journalist‹ vielen Medienschaffenden mit voller Härte entgegengeschlagen«, schreibt das Europäische Zentrum für Presse- und Medienfreiheit in seiner neuesten Studie[1] und zählt darin mehr tätliche Angriffe gegen Journalist*innen auf als je zuvor. Was bei den Pegida-Demonstrationen 2014 begann und beim großen Schulterschluss von AfD und Rechtsextremisten 2018 in Chemnitz eskalierte, scheint bei den sogenannten Querdenker-Protesten mittlerweile zur geübten Praxis zu gehören: Journalisten und Journalistinnen anpöbeln, ihnen die Kameras aus der Hand schlagen, sie bedrohen, verfolgen oder gar krankenhausreif schlagen. Im Jahr 2020 hat sich die offizielle Zahl der Angriffe auf Medienschaffende mehr als verdoppelt: 252 Straftaten »gegen Medien« zählte der Kriminalpolizeiliche Meldedienst.[2] Nicht mitgezählt: die zahlreichen Hetzkampagnen im Netz, Bedrohungen, Beleidigungen und Verleumdungen, die von Strafverfolgungsbehörden gar nicht erst ermittelt werden. Die Täter: vor allem Personen aus der rechtsextremen Szene, aber eben auch mehr und mehr Mitläufer*innen, die offenbar jegliche Hemmungen abgelegt haben, wenn es nur darum geht, ihrer Wut auf Journalist*innen oder »Systemmedien« Ausdruck zu verleihen, die sie als Statthalter eines ihnen verhassten »Regimes« wähnen.

Dabei handelt es sich hier keineswegs um ein rein deutsches Phänomen. Ob in den USA, Brasilien oder Ungarn: Es sind die Verfechter einer illiberalen Demokratie, Anhänger autokratischer Regierungen, Rechtsextremisten oder antisemitische Verschwörungsideologen, die weltweit gegen »die Medien« hetzen – angeheizt von Staats- und Regierungschefs, die aus ihrer antidemokratischen Gesinnung keinen Hehl machen. Bei jeglicher Betrachtung über die Entwicklung in Deutschland sollte dies nie aus den Augen verloren werden: dass es sich um ein globales Phänomen handelt, um weltweite Netzwerke, in deren Umsturzfantasien der Kampf gegen unabhängige liberale Medien eine zentrale Rolle spielt.[3]

Wer als Journalist oder Journalistin über solche Attacken auf Kolleg*innen schreibt, sieht sich schnell diversen Vorwürfen ausgesetzt: sich selbst und den eigenen Berufsstand zu wichtig zu nehmen, die gebotene Distanz zum Gegenstand der Betrachtung zu verlieren oder in einer »Opferperspektive« zu verharren, die den Blick auf die größeren Gefahren vernebele.

Dabei geht es hier tatsächlich um weit mehr als journalistische Befindlichkeiten oder die leidvollen Erfahrungen von Kolleg*innen, die sich schon seit Jahren im Zentrum rechtsextremistischer Angriffe auf ihre Arbeit, ihre Gesundheit oder ihr Leben befinden – und die um ihr privates Umfeld, ihre Familien und Angehörigen fürchten müssen, weil ihre Namen und Adressen auf rechtsextremen »Feindeslisten« oder anderswo im Netz kursieren. So unerträglich dies für alle Betroffenen auch ist – und es liegt mir fern, dies kleinzureden –, so geht es den Feinden einer weltoffenen und liberal verfassten Demokratie doch um Größeres. Für sie sind solche Hass- und Hetzkampagnen gegen Einzelne nur Teil eines mit Kalkül orchestrierten Angriffs auf das Herz der liberalen Demokratie: auf die Meinungs- und Pressefreiheit.

In gleichem Sinne wäre es wohl zu kurz gesprungen, die eigentlichen Urheber dieser Angriffe mit jenen zu verwechseln, die mit ihren »Lügenpresse!«-Rufen Pegida-Spaziergänge und »Querdenker«-Demonstrationen bevölkern. Das schrille Krakeelen der Deutschmützenträger und Reichsflaggenschwenker ist schließlich nur der Widerhall einer rechten bis rechtsextremen Medienkritik, die sich längst bis ins bürgerlich-konservative Milieu ausgebreitet hat. Da, wo von einem »Journalismus im Regierungsauftrag« oder »im Dienste von (linken) Interessensgruppen« geraunt wird. Einen Journalismus, den Peter Sloterdijk einst als »Lügenäther« bezeichnete – und damit den Ton setzte, der über rechte »Scharniermedien« wie »Tichys Einblick«, Springers »Don Alphonso« oder »achgut.com« wieder und wieder in die Echokammern rechtsextremer Hass- und Gewaltprediger getragen wird. Dort mutiert Henryk M. Broders infamer Begriff des »Lumpenjournalismus« dann zum »pseudohumanitären Medienmob«, der sein »verlogenes, gehässiges und blutrünstiges Haupt« gegen das deutsche Volk erhebt.[4] Von dort ist es dann nicht mehr weit zu Morddrohungen und tätlichen Angriffen auf Journalist*innen, die über rechtsextreme Seilschaften und deren parlamentarische Lautsprecher berichten. In diesem Sinne »markieren« diese sich bürgerlich gebenden Scharniere Themen, Kampagnen und Personen, die von den Armeen rechtsextremistischer Organisationen und durchaus gewaltbereiten Einzelkämpfern im Netz als Aufruf verstanden werden, loszuschlagen – verbreitet in zahlreichen YouTube-Kanälen und Telegram-Gruppen, die sich als rechte »Gegenöffentlichkeit« längst etabliert haben. Und selbst wenn die Folgen nicht unbedingt beabsichtigt sein mögen, so ist es wohl zumindest die pure Lust am Zündeln oder schlichte Selbstgefälligkeit im abgründigen Wettstreit um neue journalistische Alleinstellungsmerkmale, die die Steine ins Rollen bringen: anschlussfähige Munition, an der sich auch jene bedienen, die noch Schlimmeres im Schilde führen und dieser Demokratie mit ihrer liberalen Verfassung längst den Kampf angesagt haben.

Deren Generalangriff auf die liberalen Medien folgt einem leicht zu durchschauenden Propaganda-Muster, das schon die Nationalsozialisten in ihrem Kampf gegen die »organisierte Lügenpresse der Regierungsparteien« in der Weimarer Republik verwendeten[5] und das schon damals nur ein Ziel verfolgte: ein liberales Bollwerk gegen die aufkommenden Nationalsozialisten sturmreif zu schießen, um den Weg in eine gleichgeschaltete Diktatur freizumachen, in der die Presse erst »gesäubert« und dann zu einer »einheitlichen Weltanschauung« zwangsverpflichtet wurde.[6] Um nichts anderes geht es den rechtsextremen Demokratiefeinden von heute. Mit den Angriffen gegen liberale Medien, vor allem den öffentlich-rechtlichen Rundfunk, werden all jene ins Visier genommen, die sich deutlich gegen rechtsextremistische, rassistische oder nationalistische Ideologien oder Parteien positionieren oder per Rundfunkgesetz angehalten sind, die »demokratischen Freiheiten zu verteidigen« – auch und gerade gegen Angriffe von rechts außen. Solch verfassungsrechtlich robuste Programmgrundsätze sind den adressierten

Feinden der Demokratie ein Dorn im Auge. Der öffentlich-rechtliche Rundfunk gilt ihnen als zentraler Baustein einer freiheitlich-demokratisch verfassten Zivilgesellschaft, der die Bevölkerung im Auftrag einer höheren Macht »umerziehen« und knechten soll. So liest sich das bei den völkischen Vordenkern der AfD, die einer »staatsfinanzierten Umerzählung des normalen Lebens« einer »großen Beutegemeinschaft aus Parteien, ›Zivilgesellschaft‹, allem Öffentlichrechtlichen« den Kampf angesagt haben.[7] So klingt es bei Funktionären der AfD, die von einer Revolution träumen, in der man Redakteure des öffentlich-rechtlichen Rundfunks »aus ihren Redaktionsstuben vertreiben« werde[8] oder die »Presseverlage gestürmt und die Mitarbeiter auf die Straße gezerrt« werden. Und so schallt es wieder zurück auf die Straßen und in die dunkelsten Kammern des Netzes, wo Journalisten und Journalistinnen in Gefängniskleidung gezeigt oder gleich zum Abschuss freigegeben werden.

Dies alles könnte als dumpfes Getöse rechter Blasen weitgehend ignoriert werden, wenn sich bürgerlich-liberale Medien und auch der öffentlich-rechtliche Rundfunk als robust genug erweisen würden, diesem Sturm mit nüchternem journalistischen Ethos und demokratischem Selbstbewusstsein entgegenzutreten. Doch daran gibt es Zweifel. Vor allem der mediale Umgang mit der AfD hat sichtbar gemacht, woran es hier immer wieder fehlt: einem inneren journalistischen Kompass, der Neutralität nicht mit Ignoranz verwechselt und Ausgewogenheit nicht mit einer Verpflichtung, rechtsextremen Ideologen und Positionen wieder und wieder eine größere öffentliche Plattform zu bieten. Die Debatte um die Präsenz von AfD-Politikern in Talkshows oder Wahlsendungen, die Übernahme des Narrativs von der AfD als »bürgerlicher Partei«, die Verwendung von antidemokratischen Kampfbegriffen wie »Altparteien« oder die Verbreitung von aufgebauschten AfD-Kampagnen zur Ausländerkriminalität durch Medien des Springerkonzerns[9] zeigen beispielhaft, wie das andauernde Trommelfeuer der AfD Wirkung zeigt. Dass mehr und mehr Medien wie die NZZ oder *Die Welt* dazu übergegangen sind, ihre Kommentar- und Meinungsseiten für Positionen zu öffnen, die auch für Rechtsextremisten anschlussfähig sind, macht deutlich, wie willfährig die Grenzen hier mittlerweile verschoben wurden. Der von AfD-Funktionären stets kultivierte Opfermythos einer »benachteiligten«, angeblich demokratischen Oppositionspartei fällt hier offensichtlich auf fruchtbaren Boden. Das Kalkül der Partei scheint aufzugehen, sich als Geschütz gegen ein behauptetes Kartell der Massenmedien in Stellung zu bringen, das seine eigenen Grundsätze der Neutralität und Ausgewogenheit verrate – und damit die Meinungsfreiheit gefährde.

Diese Verdrehung hat System: Es ist die so bezeichnete Strategie der »Selbstverharmlosung« – eine »Zurschaustellung der eigenen Harmlosigkeit« –, mit der die AfD und ihre rechtsextremen Kreise gezielt versuchen, sich eine mediale Schneise in die Mitte der Gesellschaft zu schlagen. Oder wie der »neurechte« Vordenker Götz Kubitschek es martialisch formuliert: So »verzahnt man sich mit den Truppen des Gegners, stößt vor, erobert ein paar Stellungen und sorgt für ein unklares Lagebild. So weiß der Gegner nie, ob er nicht auch die eigenen Leute trifft, wenn er feuert; oder er weiß es ganz genau – dann wird er seine Geschosse vielleicht nicht abfeuern.«[10]

In weniger kriegerische Worte gefasst, geht es den Strategen dieser Camouflage darum, konsensbasierte, »bürgerliche« Werte zu kapern, um die Kritiker rechtsextremer, völkischer Ideologien ins Abseits zu stellen. So wird aus einer im Kern rechtsextremen Partei scheinbar eine bürgerliche, aus AfD-kritischen Journalist*innen werden »abstoßende Feinde der Demokratie« oder »totalitäre Schurken«, die sich am Gebot von Neutralität und Objektivität vergehen.[11] Vereinfacht gesagt: Steht man erst einmal selbst als Hüter der Verfassung da, wird jeder journalistische Kritiker zum (linksextremistischen) Verfassungsfeind – Vernebelung des »Lagebilds«. Wie so etwas funktioniert, kann man regelmäßig bei den »Querdenker«-Protesten beobachten, wo selbst extrem rechte Verfassungsfeinde und AfD-Funktionäre mit dem Grundgesetz in der Hand mitmarschieren – und »die Medien« als Demokratie- und Freiheitsfeinde an den Pranger gestellt werden.

Journalist*innen, die diese Strategie durchschauen und davor warnen, rechtsextremistische Positionen eins zu eins abzubilden, nur weil sie von Vertretern der größten Oppositionspartei im Bundestag verbreitet werden, werden von den selbst ernannten neuen Gralshütern eines angeblich »neutralen« Journalismus als Gesinnungsjournalisten diffamiert, die dem journalistischen Ur-Credo eines Rudolf Augstein (»Abbilden, was ist«) oder dem Bekenntnis eines Hanns Joachim-Friedrichs (»sich mit keiner Sache gemein machen«) Schande bereiten. Als würden diese Gebote dazu verpflichten, extremistische Kampagnen kommentarlos weiter zu verbreiten. Als wäre es nicht die Aufgabe von Journalist*innen, das durchsichtige Kalkül einer solchen Strategie als das einzuordnen, was es ist: ein im Mantel der Bürgerlichkeit verkleideter Angriff auf die Grundpfeiler unserer Demokratie.

Wer dem etwas entgegensetzen will, muss die »weichen Stellen« eines journalistischen Selbstverständnisses offenlegen, die rechten Demagogen als Angriffspunkte dienen. Muss sich darüber Gedanken machen, wo die Grenzen eines ausgewogenen oder multiperspektivischen Journalismus liegen, der von den Feinden einer freiheitlichen Demokratie als Einfallstor gezielt genutzt wird, um diese Gesellschaft zu unterwandern. Dabei spielt das Postulat der »Neutralität« eine zentrale Rolle. Ein Begriff, der wie kein anderer zum Kampfbegriff der rechten Szene mutiert ist, weil er vordergründig dazu dient, einen Journalismus zu diskreditieren, der Gefahren für die Demokratie einordnet, gewichtet und bewertet. Ein Journalismus, der sich als Verteidiger der demokratischen Freiheiten versteht – wie etwa in §5 WDR-Gesetz festgelegt –, ist den Feinden dieser Freiheiten naturgemäß ein Gräuel. Und selbst wenn man Journalist*innen nicht zu Verfassungsschützer*innen erklären mag, so zeigt die Reduktion auf das Neutralitätsgebot doch die Gefahr einer Erblindung für die elementaren Grundwerte unserer Verfassung: seien es die Menschenwürde, das Antidiskriminierungsgebot oder die Meinungsfreiheit – Grundwerte, die von einer Ideologie, die auf völkische Homogenität, Nationalismus und mediale Gleichschaltung setzt, im Kern attackiert werden. Wer die realen Gefahren einer solchen Ideologie nicht ignorieren will, sollte sich von der Verballhornung journalistischer Ideale durch rechtsextreme Ideologen und deren Fußtruppen nicht in die Irre leiten lassen. Die dort kolportierte Vorstellung eines neutralen und ausgewogenen Journalismus, der alle Seiten gleichermaßen zu Wort kommen lassen muss, und seien sie noch so menschenverachtend, soll schließlich nur in die Meinungsdiktatur derer führen, die weder etwas von gesellschaftlicher Diversität noch von Meinungspluralismus oder Multiperspektivität halten. Nichts anderes ist gemeint, wenn vom »Ausmisten« eines verhassten Systems gesprochen wird, das »aufgeräumt« werde müsse, damit Politik endlich »nur für das Volk« gemacht wird.[12]

Journalist*innen, die sich hier nicht zu willfährigen Gehilfen oder nützlichen Idioten degradieren lassen wollen, müssen sich entscheiden: ob sie im Sinne einer falsch verstandenen Vorstellung von Neutralität den Feinden von Freiheit und Demokratie den Weg bereiten oder sich ihnen in den Weg stellen wollen. Ein »Dazwischen« gibt es nicht. Deshalb wäre es an der Zeit, über eine Neujustierung ethischer Leitlinien für einen Journalismus nachzudenken, der an zentralen Prinzipien wie Wahrhaftigkeit, Unabhängigkeit und Unvoreingenommenheit festhält, sich dabei aber nicht auf eine wertefreie Hülle reduzieren lässt, die von all denen missbraucht werden kann, die ihn als Werkzeug für ihre demokratie- und menschenverachtenden Kampagnen begreifen. Die folgenden neun Imperative sollen dazu dienen, diese Debatte anzustoßen; eine Debatte, in der es um die – keinesfalls »neutrale« – Rolle von uns Journalist*innen in dieser Gesellschaft geht, um unsere Verantwortung für das demokratische Gemeinwesen und dessen Grundwerte, aber auch um die Grenzen unserer Möglichkeiten. Am Ende sind wir schließlich keine Aktivist*innen, sondern nur Teil einer Zivilgesellschaft, die insgesamt begreifen muss, wie sehr diese Demokratie in Gefahr ist und wie fragil ihre Freiheiten sind.

1. Halte dich an die Fakten! Überprüfe alles. Mach nichts Unwesentliches groß, unterschlage nichts Wesentliches.
2. Lass dich nicht vereinnahmen! Nicht durch Freundschaften oder Geld, nicht durch Macht oder Gesinnungen.
3. Kolportiere nicht! Verbreite keine Gerüchte und keine Ge-

schichten, die du nicht selbst recherchiert hast. Sprich mit vielen, aber übernimm nicht alles. Misstraue deinen Vorurteilen.

4. Stelle Kontext her! Mache deutlich, in welchem Zusammenhang deine Berichterstattung steht. Kläre über Motive auf und ordne ein.

5. Sei transparent! Begründe deine Sichtweise, offenbare deine Quellen.

6. Wäge ab! Überprüfe, wem du mit deiner Arbeit nützt und wem du schadest, und frage dich, ob du das verantworten kannst.

7. Bleibe selbstkritisch! Stelle dich immer wieder selbst infrage, deine Positionen und Arbeitsweisen.

8. Orientiere dich! An den universellen Werten, der Menschenwürde, dem Diskriminierungsverbot, der Demokratie, den Menschenrechten.

9. Erinnere dich! Vor allem daran, was völkischer Nationalismus, Faschismus, Antisemitismus und Rassismus in diesem Lande angerichtet haben. Und sorge dafür, dass sich solche Ideologien nicht verbreiten.

Schone fremde Freiheit – Diskurs und Sprache in aversiven Zeiten

von Ines Geipel

Unsere Diskurse platzen. Es köchelt, geifert, pöbelt, wütet, hetzt. Es will gehässig sein, es will durchbrechen. Hashtags, Shitstorms, Attacken, Exzesse, Morddrohungen für diejenigen, die nicht auf der vermeintlich richtigen Seite stehen. Wir reagieren gereizt, angeödet, überfordert, wir laufen heiß. Was darf man noch sagen? Wer darf sagen? Wie muss man sagen? Wann, an welchem Ort, wie laut, damit es maximal landen kann? Der öffentliche Raum wird zum Patt und erscheint zugleich so transparent wie nie. Wer etwas äußert, was der andere nicht hören will, wird fertiggemacht. Der ist draußen, falsch, schädlich, muss weg, wird geschmäht, geächtet. Der hat den Offenbarungseid zu leisten: Sag, dass es dir leidtut, dass das alles nicht so gemeint war, sag, dass du lernen willst. Lerne du gefälligst! Und wenn das durch ist? Fängt das Ganze wieder von vorn an: Schnauze, Arschloch, Kinderficker, Drecksau.

Die Logik der Gesellschaftsmaschinen: je lauter, dreckiger, respektloser, desto mehr Resonanz. Die Logik der sozialen Medien: je schneller, greller, skrupelloser, desto mehr Hype. Die Raster werden gröber gestellt, die Wörter verlieren an Genauigkeit, das gesellschaftliche Betriebsklima wird härter. Das Rad läuft heiß: immer so weiter, antreiben, megafies sein, den anderen an die Wand fahren. Wie das ausstoppen? Wie raus aus dem Kessel? Und ist das die ganze Wahrheit? Der Medienphilosoph Vilém Flusser sprach von der Freiheit als der »Möglichkeit, sich gegen das Schicksal zu stemmen«. Aber welche Freiheit? Wie viel Unabänderlichkeit, wenn es ums Sagbare geht?

Es gibt ein gutes, ja sogar notwendiges Schweigen, nicht nur im Privaten, sondern auch im Politischen. Es lässt eine Gesellschaft aus- und einatmen. Intaktes Schweigen regelt die Distanzbeziehungen untereinander, besteht auf Diskretem und Intimem, auf Respekt, Schutz, Rücksicht. Respekt setzt voraus, dass Abstand genommen werden, sich separiert werden kann. Respekt und Distanz sind konstitutiv für eine Öffentlichkeit mit politischem Maß. Wo beides abhandenkommt, verfällt sie. Totale Distanzlosigkeit führt ins Totalitäre.

Also noch mal anfangen, behutsam, sich noch mal für einen Moment zurückversetzen. An den Anfang? »Das erste Gesetz des guten Tons ist: Schone fremde Freiheit. Das zweite: Zeige selbst Freiheit«, schrieb Friedrich Schiller 1778 in einem Brief an Christian Gottfried Körner über seine Idee des Walzers und damit über den Revolutionsmodus einer zunächst volatilen Gesellschaft. »Es ist das treffendste Sinnbild der behaupteten eigenen Freiheit und der geschonten Freiheit des anderen.«[1] Was war der Walzer, als Deutschland in seinen Sturm und Drang taumelte? Eine klare Vereinbarung, ein gesellschaftliches Regelmodell und damit nichts anderes als eine Urszene für die Freiheit des Bürgerlichen, bei der sich zwei in einer Mitte fanden, zu einem Planeten wurden und als Unwucht zusammen mit vielen anderen Unwuchten hitzig durch den Raum kreiselten. Seit Deutschland heftig rumwalzerte, ist einige Zeit vergangen. Walzer ist megaout. Doch der Doublebind aus Behauptung und Schonung ist es nicht. Er ist nach wie vor ein Maß – fürs Gelingen, für dialogische Stimmigkeit. Ein universeller Code. »Ich weiß für das Ideal des schönen Umgangs kein passenderes Bild, als das der Zuschauer von der Galerie sieht: Unzählige Bewegungen, die sich aufs Bunteste durchkreuzen und ihre Richtung lebhaft und mutwillig verändern und doch niemals zusammenstoßen«, schreibt Schiller.[2]

Das Ideal des schönen Umgangs als Bild der geglückten Form, des intakten Umgangs, der aufeinander bezogenen Begegnung. Hangelt man sich an der Zeitschiene bis ins Jetzt entlang, begegnet man diesem Bild immer wieder, in den Räumen des Rechts, des Politischen, der Kommunikation, des Verkehrs, im Privaten. Das Doublebind-Prinzip als Kernmetapher des Zivilen, als Konsequenz der eigenen und der gesellschaftlichen Freiheitserfahrung. So heißt es etwa in Artikel 5 des Grundgesetzes: »Jeder hat des Recht, seine Meinung in Wort, Schrift und Bild frei zu äußern und zu verbreiten.« Das die Behauptung. Im schonenden Sinne folgt stante pede: »Diese Rechte finden ihre Schranken in den Vorschriften der allgemeinen Gesetze, den gesetzlichen Bestimmungen zum Schutz der Jugend und in dem Recht der persönlichen Ehre.« Was nichts anderes heißt als: Jede Meinungsfreiheit sollte ihren Walzer draufhaben. Denn jede Meinungsfreiheit befindet sich im Raum mit anderen Meinungsfreiheiten. Sie alle dürfen historisch zwar enorm viel Raum beanspruchen, aber eben nicht jeden. Kurzum: Wer lauthals seine Wortrechte postuliert, muss die Grenzen kennen. Wer stellt die Meinungsgrenzen auf? Laut Bundesverfassungsgericht der »unbefangene Durchschnittsempfänger«. Dem es nicht darum gehen kann, was jemand mit dem, was er sagt, sagen will. Auch nicht darum, wie es derjenige, der gemeint ist, versteht. Als juristischem Anonym darf es ihm einzig und allein um den konkreten Wortlaut und seinen Kontext gehen. Neben den Grenzen der Meinungsfreiheit werden juristisch auch absolute Grenzen definiert. Bei Lichte besehen gibt es nur zwei: die Schmähkritik und die Volksverhetzung.

Beispiel Schmähung: Die existiert in der Welt des Rechts im Grunde genommen fast nicht. Ihr Spielraum ist ausdrücklich weit ausgelegt. Höchstens, wenn klar ist, dass das Geäußerte ausschließlich dazu da ist, eine Person zu diffamieren, und mit der Würde des Menschen kollidiert, kann es zur Ahndung kommen. Vor allem im politischen Meinungskampf bleiben die Grenzen enorm gedehnt. Man darf die Feministin Alice Schwarzer als »Rassistin« bezeichnen und kommt damit durch. Man darf für Bundeskanzlerin Angela Merkel via Facebook während der Pandemie die »Todesstrafe« oder »Hinrichten« fordern und sammelt noch dicken Applaus dafür ein. Hält die juristische Lesart an einem veralteten Zustand von Gesellschaft fest und liefert damit die Bedrohten schutzlos der grassierenden Gewalt aus? Ist es noch zeitgemäß, an einer liberalen Rechtsprechung von Meinungsfreiheit festzuhalten, obwohl die Vergiftung der öffentlichen Urteilskraft die Illiberalität nur verschärft? Erfasst die Justiz die Gesellschaft noch?

Es gibt keine einfachen Antworten. Meinungsfreiheit ist Freiheitsrecht. Niemand kann daran gehindert werden, bösartige Meinungen zu kreieren, um die dann lauthals in die Welt zu posaunen. Das ist zum Haareraufen, eine echte Zumutung und bleibt dennoch richtig. Mittlerweile hören sich solche Sätze aber eher nach appellativer Selbstverteidigung denn beruhigter Lage an. Hinsichtlich des medialen Wutkessels, der die Gesellschaft torpediert, sollen Lösungen her: viele, komplexe, differenzierte, gerechte, beruhigende, rasche. Die Kommunikationslage ist erbarmungslos, und sie ist vertrackt. Wobei bei Lichte besehen wohl nicht so sehr die Meinungsfreiheit als solche bedroht sein dürfte als vielmehr der Raum, in dem die Freiheit der Meinungen verhandelt wird. Als wäre Zerstörung eine Art Natur. Unausweichlich, normal. Als könnten wir auf das Ideal des gelungenen Austauschs pfeifen, auf den Tanz ums Argument, das Gespräch, den Diskurs, die Debatte und damit auf Sinn.

Das betrifft nicht nur das juristische Feld, sondern vor allem auch das politische. In Zeiten des Postfaktischen kapern Extremisten, Populisten, Medienzocker, Sozialautisten oder Hetzschwärme an Sprache und Sinn, was zu kapern geht. Beispiel Marc Jongen, AfD-Politiker, am 23.10.2019 im Deutschen Bundestag: »Die Meinungsfreiheit ist nicht nur bedroht, wie es schon mehrfach heute hieß, sondern Artikel 5 Grundgesetz wird tagtäglich gebrochen in Deutschland. Eine Zensur findet wieder statt.« Beispiel Björn Höcke, AfD-Politiker, am 17.1.2017 über das Holocaust-Mahnmal in Berlin: »Wir Deutschen – und ich rede jetzt nicht von euch Patrioten, die sich hier heute versammelt haben –, wir Deutschen, also unser Volk, sind das einzige Volk der Welt, das sich ein Denkmal der Schande in das Herz seiner Hauptstadt gepflanzt hat.«[3] Das Primat der Taktik legitimiert jede Lüge. Es geht um Tabubrüche, Desinformation, Verwirrung, Manipulation, Polarisierung. Es geht um Macht. Je mehr Pseudoskepsis, Verdacht und Falschbehauptung, desto poröser und enger der Wahrheitsraum. Globale Politakteure wie Putin oder Trump beherrschen ihr Skandalmanagement, um Lügenbotschaften in mediale Streubomben zu verwandeln.

Hat es sich also ausgetanzt? Gesetzt den Fall, die Schritte wären Worte, wie sie setzen, wenn der Tanzsaal mehr zur Eskalations- denn Freiheitszone ausgerufen geworden ist? In schwerer Rüstung tanzen, den Saal durchlüften, die Musik leiser drehen, schärfere Geschütze aufstellen, ein neues Regelwerk durchsetzen, um Gnade bitten? Wie zu einer Kultur des Dialogs zurückfinden? Welche Grenzen? Wieder, noch mal, völlig neu? Denn Meinungsfreiheit ist längst zu einem mehrbödigen, unbestimmten, schwer einholbaren Begriff geworden, der sich schamlos missbrauchen lässt. Ist er noch einmal so neu zu sortieren, dass er den globalen Diskurskessel befrieden kann? Wann muss man sagen? Was muss man sagen? Was sollte man nicht sagen, selbst wenn man es darf? Was will man überhaupt noch sagen? Wozu noch sagen, wenn das Geäußerte ad hoc überbrüllt wird? Wie den Spagat finden zwischen Achtung und Ächtung, Alarm und Achtsamkeit, Laissez-faire und klarer Kante? Zwischen einer Demokratisierung von Medienmacht und der Ohnmacht durch Hass? Und ist Balance hier noch das richtige Wort dafür? Sind wir nicht längst drüber?

Beispiel Fußball: »Statistiken, bei denen es um soziale Medien und Beschimpfungen und Rassismus im Fußball geht, zeigen, dass es im Internet von Saison zu Saison schlimmer wird«, erklärt Daniel Kilvington, promovierter Medienspezialist an der Leeds Beckett University in England.[4] Die Antidiskriminierungsstelle »Kick It Out« habe in der Saison 2014/15 mehr als 134 000 diskriminierende Posts auf Social-Media-Plattformen registriert, sodass es Anfang Mai 2021 im englischen Fußball zu einem viertägigen »Blackout«, einem Boykott der sozialen Netzwerke gekommen ist. »Das kann hoffentlich Druck auf die Social-Media-Plattformen ausüben, die die Möglichkeiten haben, einen Wandel einzuleiten, weil der Traffic auf den Plattformen aufgrund des Online-Boykotts möglicherweise reduziert wird.«

Beispiel Lothar Wieler, Präsident des Robert-Koch-Institutes und eines der Gesichter der Corona-Politik in Deutschland, in der Fernsehsendung »Jung und naiv« am 28. 4. 2021 über den Furor durch Social Media: »Es ist bemerkenswert, wie man beschimpft und auch bedroht wird ... Ich habe mein Leben ein wenig geändert, zum Beispiel fahre ich nicht mehr öffentlich, weil die Einschätzung vom Landeskriminalamt da ist, dass ich eben bedroht bin ... Das ist eine bedrückende Erfahrung.«[5]

Beispiel Markus Blume, Generalsekretär der CSU, am 30. 4. 2021 im Deutschlandfunk: »Ich habe gerade vor wenigen Tagen von einem Kollegen der CSU aus dem Deutschen Bundestag WhatsApp-Nachrichten oder Telegram-Nachrichten zugeleitet bekommen, in denen man ihm prophezeit, dass er einen selben Weg gehen wird wie der ermordete Regierungspräsident Lübcke. Das ist abgründig. Das ist abstoßend. Das widert einen an ... Wir dürfen auf diesem Auge des Extremismus genauso wenig blind sein wie beim Extremismus von links oder von rechts.«

Hass als digitales Rhizom. Radikalisierungswelle folgt auf Radikalisierungswelle. Aber was wäre nötig, um das »emotional regime« einer Online-Gesellschaft in Richtung Zivilität wirkungsvoller zu gestalten? Globale Hyper-Systeme wie Facebook, YouTube oder Twitter setzen methodisch auf Schwerfälligkeit, wenn es um die Regulierung ihrer Marktansprüche geht. Letztlich führt kein Weg an einem supranationalen, juristisch verbindlichen Regelwerk vorbei, das die User aus der Anonymität holt und ihre Online-Texte strikt unter Verantwortung stellt. Diese methodische Disbalance betrifft ebenso das einst als demokratisch ausgerufene, freie Enzyklopädie-Projekt »Wikipedia«. Dessen Co-Gründer Larry Sanger wird in der *Neuen Zürcher Zeitung* vom 10. 6. 2021 mit den Sätzen zitiert: »Es gibt heute eine allgemeine Tendenz zur Ideologisierung. Das betrifft die öffentliche Meinung, den Journalismus – und Wikipedia.«[6] Seit ein paar Jahren versuche »eine rechthaberische Oligarchie von sogenannten Experten, den Leuten vorzuschreiben, was wichtig und richtig sei«.

Und damit zu den sozialen Folgen der medialen Catcher-qualitäten und Verwilderung der Meinheitsfreiheit: Im gesell-schaftlichen Diskurs ist es zur Binse geworden, dass Social Media mit Radikalisierung gleichgesetzt wird. Wo Facebook und Twitter, da auch Schlammschlachten mit Wörtern. Oder: Seit es Facebook und Twitter gibt, blicken wir nicht mehr durch, erliegen wir der zwangsläufigen Verrohung. Aber stimmt das auch? Was tritt tatsächlich durch die sozialen Medien zutage? Was tritt da aus? Oder auch: Was könnte aus-treten, was nicht ohnedies drin ist? Das Unbewusste lässt sich nicht zivilisieren. Wie also geht das Psychogramm des Hass-strudels in den sozialen Netzwerken, das zwar online stattfin-det, aber bis auf Weiteres offline – also real in uns – gefühlt, gedacht, intendiert, getextet, gesteuert, nivelliert wird? Was also höhnt, beschämt, wütet, hetzt in uns? Warum tut es das? Woher die Gewalt der permanenten Löschung des anderen? Die Online-Welt als Brennglas. Geht es nicht bei Lichte be-sehen wie im Offline-Raum um massive Projektionen und Spaltungsprozesse des Selbst, um die Abwehr eigener Ne-gativgefühle, die hier qua Klick, Post oder Blog ungebremst im Triggerraum des Internets untergebracht werden, um sich auf diese Weise zu stabilisieren? Geht es nicht trotz allen abstrakten Aktivismus letztlich um eine aufgeschobene Aggressivität, um eine Aggressivität, die wartet, die sich verschiebt und auf Entscheidung aus ist, gerade, weil sie sich im Realen nicht entladen kann?

Das könnte so sein und hat einen hohen Preis. Denn die Angreifer spielen mit der Macht, ihre Ohnmachtsgefühle mit verdecktem Visier zu adressieren, treffen in der Offline-Realität aber einen ganz konkreten Menschen, eine Gruppe, einen gesellschaftlichen Zusammenhang. Eine Überwältigungsstrategie, eine Art neuer Krieg, der kaum einzufangen ist. Denn er operiert mit der Energie, nur totaler zu werden. Ein Akt, der die Angegriffenen dehumanisiert, da er ihre Möglichkeiten der inneren Abgrenzung, des eigenen Wahrnehmens und Urteilens gefährdet, unterminiert, mitunter sogar zerstört.

Unsere Erfahrungen, unsere Diskursdynamiken, unsere Sprachen beschleunigen sich, und sie tun das rasant. Was wäre zu tun? Es gibt keine einfachen Antworten. In einem ersten Schritt ginge es wohl darum, die Brisanz der gesellschaftlichen Aushöhlung nicht weiter zu beschwichtigen oder zu leugnen. Die Tendenz ist eindeutig, der Schaden ist da, die Kultur der Häme und des Hasses ist kreuzgefährlich. Es braucht mehr politische Analyse, mehr Ressourcen, mehr Fantasie. Ist das denkbar – eine zeitgenössische Kultur der Bezogenheit, gerade weil Onlinewelt sowie eine Kultur der Abstraktion und Enthemmung nicht mehr aus der Welt zu schaffen sind? Richtig ist, dass die gegenwärtigen Radikalisierungen juristische Neujustierungen im Globalen dringend notwendig machen. Problematisch bleibt, dass all die Reformen der Rasanz des Geschehens zwangsläufig hinterherhinken.

Und dann, wie weiter? »Der positive Raum konzentriert Sein im Inneren der Grenzen, die beschützen«, schreibt der französische Phänomenologe Gaston Bachelard.[7] Könnte bedeuten: Wir müssen dem Irrsinn nicht zwangsläufig erliegen. Es gibt keinen Grund, dem medialen Erregungsraum aufzusitzen. Wie es keinen Grund gibt, die Diskurskaperer nicht klar in die Schranken zu weisen. Wer foult, geht vom Parkett. Oder auch, der verlässt den Diskurs. In all dem Destruktionssog und Spektakel behalten Tatsachen, Fakten, Realitäten und Recht bis auf Weiteres die Deutungsmacht. Ihr Primat und ihre Evidenz bedeuten Freiheit. Bachelard bestand auf seiner Philosophie des »guten«, »gepriesenen«, »anziehenden« Raumes, in dem das Innen und Außen in einem fort Verknüpfungen suchen und damit einen Zusammenhang. Wo es glückliche innere Räume gibt, Werte des Intimen und der notwendigen Distanz, dort ist auch Gegenwehr möglich.

Also eine wache Gesellschaft in einem Dauerspagat aufeinander bezogener Begegnungen? Warum nicht? Wahrheit dröhnt nicht. Sie braucht keine Show. Sie ist klar, ruhig, wenn oft auch unerträglich langsam. Das gilt es auszuhalten.

Strategische Angriffe – gegen die Grenzverletzungen der radikalen Rechten

von Hajo Funke

Demokratische Parteien halten grundsätzlich nichts von einer Annäherung an aggressive, fremdenfeindliche oder sogar rassistische Positionen der Rechtsradikalen. Auch und gerade eine konservative, liberale und christliche Volkspartei hat mit einem aggressiven Nationalismus von »Konservativen« wie Alexander Gauland nichts zu tun. Im Gegenteil: Der Charakter der CDU/CSU als Volkspartei hängt entscheidend davon ab, ob sie für christliche, konservative und sozial orientierte Wähler integrationsfähig bleibt. Konservative stehen für das Bewahren von tradierten Gütern und Normen und eine darauf gründende Stabilität in den Strukturen, einschließlich der Familien. Es gilt also, diese konservativen Werte in einer die Freiheit sichernden wehrhaften Demokratie zu bewahren. Ohne sich dabei in die Nähe etwa der AfD oder weiter rechts stehender Parteien wie der NPD, der Die Rechte oder des Dritten Wegs zu begeben.

Denn es ist Sache aller demokratischen Parteien – von der CDU bis zur Partei DIE LINKE –, eben nicht wie in der Weimarer Republik mit den Anti-Demokraten von ganz rechts gemeinsame Sache zu machen.

Wie erfolgreich eine klare konservativ-liberale Haltung sein kann, zeigt der fulminante Wahlsieg von Reiner Haseloff (CDU) in Sachsen-Anhalt am 6. Juni 2021. War noch wenige Tage vor der Wahl spekuliert worden, dass CDU und die besonders rechtsextrem radikalisierte AfD in Sachsen-Anhalt mit jeweils mehr oder weniger einem Viertel gleichauf sein könnten, war das Ergebnis einer auf die Person Haseloff zugeschnittenen Polarisierung gegen die AfD ein völlig anderes: 37,1 Prozent für die CDU und 20,8 (ein Minus von 3,5) Prozent für die AfD. Dies gelang Reiner Haseloff aus zwei Gründen: Er war und ist ein katholisch sozialisierter Überzeugungstäter, der nichts, aber auch gar nichts mit radikal nationalistischen Ideen und Parteien zu tun haben will. Und er ist aufgrund seiner selbstbewussten, auf die Interessen von Sachsen-Anhalt bezogenen Politik ein beliebter »Landesvater«. Er hatte in den Monaten zuvor in einem Kraftakt die nach rechts gerichteten mächtigen Teile der CDU entmachtet. Er hat gezeigt, wie ein Konservativer ohne nationalistische und rechtspopulistische Akzente siegen kann.

Rechtsradikale gehen von einer Ungleichheit der Menschen aus. Sie verlangen nach ethnischer Homogenität von Völkern und treten für eine neue, autoritäre Ordnung ein. Der Kern der »Bewegungspartei« (Höcke) AfD von Gauland über Höcke bis Meuthen besteht in der Annahme, man werde als Volk durch »Kulturfremde« (Meuthen) ausgetauscht und drohe unterzugehen. Es brauche daher eine andere Republik, die den Kampf gegen vermeintlich Fremde, »Kulturfremde« (Meuthen), in einer geschlossenen deutschnationalen Identität ficht. Der thüringische AfD-Abgeordnete Björn Höcke spricht gar von einer Strategie »wohltemperierter Grausamkeit«, mithilfe derer er »Kulturfremde« – für ihn vor allem Afrikaner und Asiaten – aus dem Land werfen will. Stelle man sich eine solche »Rückführung« unter Federführung der AfD vor, wären nicht nur Hetze und Hass, sondern auch Gewalt und letztlich bürgerkriegsähnliche Unruhen die Folge. Ähnliche Verhältnisse wie gegen Ende der Weimarer Republik zu haben wird indes von bis zu 90 Prozent der deutschen Bevölkerung gar nicht gewünscht.

Was ist (Rechts-)Radikalismus?

Unter Rechtsextremismus verstehen wir Einstellungen, Verhaltensweisen und Aktionen, die von einer rassistisch oder ethnisch erklärten sozialen Ungleichheit der Menschen ausgehen, nach ethnischer Homogenität von Völkern verlangen, das Gleichheitsgebot der Menschenrechtsdeklaration ablehnen und für eine autoritär-totalitäre Ordnung eintreten. Rechtsextremisten lehnen den Wertepluralismus der Demokratie ab, wollen die Demokratisierung rückgängig machen und treten für eine (völkisch) ethnisch-reine Nation ein.

Unter Rassismus und der Ideologie des Ethnopluralismus verstehen wir den expliziten oder impliziten Verweis auf essenzielle Unterschiede zwischen Menschengruppen, sofern deren Ursachen überwiegend oder wesentlich mit Herkunft, Abstammung oder äußeren Körpermerkmalen (vor allem Hautfarbe) in Verbindung gebracht werden. Rassismus ist die Abweisung und Verachtung vor allem auf Grundlage von physischen Merkmalen. Art. 1 des internationalen Übereinkommens zur Beseitigung jeder Form von Rassendiskriminierung vom 21. Dezember 1965 definiert rassistische Diskriminierung als »jede auf der Rasse, der Hautfarbe, der Abstammung, dem nationalen Ursprung oder dem Volkstum beruhende Unterscheidung, Ausschließung, Beschränkung oder Bevorzugung, die zum Ziel oder zur Folge hat, dass dadurch ein gleichberechtigtes Anerkennen, Genießen oder Ausüben von Menschenrechten und Grundfreiheiten im politischen, wirtschaftlichen, sozialen, kulturellen oder jedem sonstigen Bereich des öffentlichen Lebens vereitelt oder beeinträchtigt wird«.

Heute beobachten wir häufig Formen eines kulturellen Rassismus. Ein solcher beschwört angebliche kulturelle oder ethnische »Fremdheiten« und Gefahren, die einzelnen Gruppen als natürliche oder als unvermeidbare Eigenschaften zugeschrieben werden. Diesen kulturellen Rassismus gibt es in den Debatten unter Rechtspopulisten und Rechtsextremisten gegenüber Muslimen sowie Migranten aus Südosteuropa, Asien und vor allem aus Afrika.

Die extreme neue Rechte tut dies unter dem Decknamen eines »Ethnopluralismus«, der kulturelle Festlegungen und entsprechende Abgrenzungen propagiert. Mit dem »Ethnopluralismus« werden genau wie im Antisemitismus, im Rassismus oder im radikalen Ethnonationalismus autoritär Feinde beschworen, die es um des eigenen Lebens beziehungsweise der eigenen Sicherheit willen zu bekämpfen gilt.

Rechtsradikale bewegen sich mit ihren Forderungen, die denen der Rechtsextremen entsprechen, weit weg von den Standards rechtsstaatlich-freiheitlicher Demokratie, stellen die Demokratie aber nicht in allen Facetten infrage. In Deutschland beziehen Rechtsradikale auch immer wieder deutschnationale Traditionen mit ein.

Die Verfassungsfeindlichkeit der AfD

Mit der AfD haben wir in Deutschland eine Partei, die zusammen mit Pegida oder der Querdenker-Bewegung auf die Straße geht und die demokratisch-rechtsstaatliche Ordnung angreifen will. Björn Höcke, der das Holocaust-Mahnmal in Berlin als »Mahnmal der Schande« bezeichnete, wurde von seinem Parteikollegen Alexander Gauland überboten, als er sich »stolz auf die Leistung deutscher Soldaten in zwei Weltkriegen« erklärte und den Nationalsozialismus als einen »Vogelschiss« in einer tausendjährigen Geschichte verharmloste. Sie plädieren auf diese Weise für einen neuen Radikal-Nationalismus und tarnen sich dabei als wertkonservative Elite eines aufbegehrenden Bürgertums, das sich vorgeblich nur nach mehr Freiheiten sehnt. Diese Angriffe haben den Zweck, die als Konsequenz aus dem Nationalsozialismus entstandene demokratische politische Kultur anzugreifen, nicht zuletzt das 1949 verabschiedete Grundgesetz mit seinem klaren Bekenntnis zur Unteilbarkeit der Menschenwürde aller Menschen. Ein dreifacher Angriff: auf Minderheiten, das Grundgesetz und die Erinnerung an die Verbrechen des Nationalsozialismus. Daraus ergibt sich die Strategie eines Kampfes gegen »das System«, die freiheitlich-demokratische Grundordnung mit dem Ziel einer anderen, autoritären Republik.

Das Gutachten des Bundesamts für Verfassungsschutz (BfV 2019)[1] zur Verfassungsfeindlichkeit in der AfD ist klar: Parteien und Vereine gelten dann als verfassungsfeindlich, wenn sie darauf ausgerichtet sind, die Garantie der Menschenwürde, das Demokratieprinzip und das Rechtsstaatsprinzip zu verletzen. Das höchste Gut einer Demokratie, nämlich die Garantie der Menschenwürde, schützt den einzelnen Menschen in seiner personalen Individualität, Identität und Integrität sowie in seiner elementaren Rechtsgleichheit.

Jede demokratische, auch eine ausdrücklich konservative, christliche Partei wie die CDU/CSU, ist von diesem Grundsatz der Garantie der Menschenwürde geprägt. Ein alternatives Konzept, dem ein biologisch-rassistischer oder ethnokultureller Volksbegriff zugrunde liegt, steht dem entgegen.

Ebenso elementar ist die Verteidigung der Demokratie und des Demokratieprinzips. Eine Verletzung liegt dann vor, wenn der Parlamentarismus oder die aktuellen politischen Verhältnisse von den Vertretern einer Partei verächtlich gemacht werden, ohne dabei aufzuzeigen, auf welchem Wege sie sonst dem Grundsatz der Volkssouveränität Rechnung tragen wollen.

Das Rechtsstaatsprinzip beinhaltet als Kern die Bindung und Begrenzung öffentlicher Gewalt zum Schutz individueller Freiheit. Kontrolle erfährt dies durch unabhängige Gerichte sowie die Beibehaltung des Gewaltmonopols des Staates.

Auf dieser Grundlage hält der Verfassungsschutz Folgendes fest: »Der völkische Nationalismus geht demgegenüber (prinzipiell) von der Existenz geschlossener ethnisch-biologischer und/oder ethnisch-kultureller Völker/Volksgruppen aus. Die innere Homogenität der Gruppe ist zu wahren und durch Abgrenzung/Ausgrenzung von allem, was die eigene Homogenität gefährdet, sicherzustellen.« (BfV 2019: 68 f.)

Darüber hinaus ist in keiner anderen Anhängerschaft einer Partei die Bereitschaft, antisemitisch zu sein, so hoch wie in der AfD: Nach einer Umfrage des Allensbach-Instituts vom Juni 2018 glaubt eine Mehrheit von 55 Prozent der AfD-Anhänger, dass Juden und Jüdinnen »zu viel Einfluss auf der Welt« haben. In diesen Kreisen gehören Assoziationen von der angeblichen jüdischen Allmacht an der US-amerikanischen Ostküste, der jüdisch-freimaurerischen Verschwörung und der Ideen aus den antisemitischen Protokollen der Weisen von Zion zum Alltag.

Bürger, die gleichwohl diese Partei wählen, stimmen mit über ein solches Konzept ab, auch wenn vor Ort von dieser Gefahr zunächst nichts zu sehen ist und Abgeordnete solcher Parteien vor Ort vernünftige kommunale Alltagsarbeit zur Verbesserung der Lage leisten; aber auch diese Abgeordneten sind Teil einer Parteiausrichtung, die »Kulturfremde« aus dem Land vertreiben will.

Ursachen und Dynamiken der Radikalisierung – ohne Alternative?

Zu den Ursachen des Aufstiegs von Rechtspopulisten und Rechtsradikalen gehören Schwächen oder gar Krisen im Sozialen und im politischen Parteiensystem, außerdem rechtsautoritäre Einstellungen in Teilen der Bevölkerung, die von rechtspopulistischen oder rechtsradikalen »Angeboten« verstärkt werden und letztlich die liberale Demokratie und den Rechtsstaat im Kern gefährden.

Ohnmacht, Resignation und Wut

Offenkundig gibt es – keineswegs nur im Osten der Republik – eine grundlegende Ungerechtigkeitswahrnehmung in einem »Kasinokapitalismus« (Helmut Schmidt) – eine zentrale Basis angewachsenen politischen Unbehagens. Sie hat sich mit der Weltfinanzkrise ab 2008 noch einmal ausgedehnt und keineswegs nur Angehörige unterer, sondern insbesondere mittlerer, ja auch sozial gehobener Schichten in Unsicherheit gestürzt. Dieses Unbehagen ist innerhalb des letzten Jahrzehnts, seit den Thesen Thilo Sarrazins von 2010, aufgegriffen und durch rechtsnationale Bewegungen wie Pegida oder große Teile der AfD gegen vermeintliche Sündenböcke aufgeladen worden; sie dienen als Verstärker bereits vorhandener demokratiefeindlicher Einstellungen.

Die Gründe liegen, neben tatsächlich vorherrschendem Rassismus, auch darin, sich innerhalb der dominanten Strukturen unserer Wirtschaft ungerecht behandelt zu sehen. Es ist eine unbestreitbare Erfahrung, die insbesondere Ostdeutsche nach den für sie oft ungünstigen Entscheidungen nach der Einigung Deutschlands erfahren haben. Kein Geringerer als Helmut Schmidt hat durch die Neunzigerjahre hindurch davon gesprochen, dass er sehr wohl verstehe, dass sich die Menschen in Ostdeutschland als Bürger zweiter Klasse verstanden haben. Ein Teil dieser ostdeutschen, aber eben auch westdeutschen (in strukturschwachen Regionen wie im Norden Dortmunds) Ohnmachtserfahrung hat sich in Form von Abwehr und Distanz zur Demokratie radikalisiert.

Besonders auch das Fehlen von Erklärungen und Erörterungen zum Übergang von einem Staatsgefüge in das nächste hat dazu beigetragen. So werden in Teilen der ostdeutschen Bundesländer die Erfahrungen mit der erlebten Diktatur auf das jetzige politische System übertragen, im schlimmsten Fall sogar gleichgesetzt. Ein nicht eingeübtes Demokratieverständnis, gepaart mit der Erfahrung einer vergangenen Diktatur ist ein fruchtbarer Nährboden für rechtsextremistisches und autoritäres Gedankengut.

Die Resignation, dass der Stärkere sich ohnehin durchsetzt, in der Ökonomie wie im gesellschaftlichen Leben, verbindet sich mit autoritären Reaktionen. Um dieser Ohnmachtserfahrung zu entgehen, stellt man sich wie in einem emotionalen Umkehrprozess auf die Seite der Stärkeren und verachtet nun selbst jene, die als schwach gelten, zum Beispiel Langzeitarbeitslose, Bettler oder alle, die man als fremd und nicht zugehörig definiert. Bewusst oder unbewusst macht man sie zu Sündenböcken des eigenen Schicksals. Auf dieser Grundlage stoßen Aussagen, dass Langzeitarbeitslose selbst Schuld hätten an ihrem Schicksal oder dass es unwertes Leben gebe, bei diesen Menschen auf hohe Zustimmung.

Mit dem Andauern solcher Ohnmachtserfahrungen ist es Rechtspopulisten gelungen, die latente Wut innerhalb eines Teils der Bevölkerung für sich zu vereinnahmen. Diese Wut richtet sich einerseits gegen das angebliche Establishment, andererseits auf diejenigen, die vermeintlich schuldig sind. Ob nun Sinti und Roma, Juden, Muslime oder Geflüchtete – Populisten tun so, als wüssten sie exakt, wer schuld ist an der beobachtbaren Misere, und stellen sich selbst als Opfer dar.

Gefühle der Hilflosigkeit und Ohnmacht gegenüber der hohen Politik, dem Kapital und der Globalisierung sollten in der Kommune wie in der großen Politik nicht hingenommen, sondern angegangen werden. Leicht lässt sich erkennen, welche Personen, Initiativen und Politiker eher gleichgültig gegenüber den Sorgen vor Ort sind und welche durch ihre Politik soziale Angst glaubwürdig mindern wollen.

Verschwörungsannahmen breiten sich aus, wenn Politik dem nicht entschieden entgegenwirkt

Verschwörungsannahmen über Dinge, die unkontrollierbar erscheinen und das Alltagsleben grundstürzend verändern wie eine Pandemie, bieten sich im Alltagsbewusstsein, oft nicht ohne Vorurteile, an, nicht zuletzt bei eher autoritär orientierten Personengruppen. Davon berichtet auch die jüngste Autoritarismusstudie der Leipziger Studiengruppe Decker/Brähler aus dem Jahr 2020.

Für die Studiengruppe zählt Autoritarismus als Persönlichkeitseigenschaft zu einer der Hauptursachen für rechtsextreme Einstellungen: »Menschen mit autoritärem Charakter neigen zu rigiden Ideologien, die es gestatten, sich gleichzeitig einer Autorität zu unterwerfen, an ihrer Macht teilzuhaben und die Abwertung anderer im Namen dieser Ordnung zu fordern.«

Rund ein Drittel der Deutschen zeigt also mehr oder weniger Merkmale eines autoritären Typus. Dies erscheint für die Untersuchung antimoderner Milieus ebenso wie für den Glauben an Verschwörungsmythen von Bedeutung. Immerhin stimmen 33 Prozent Verschwörungserzählungen über Covid-19 in stark ausgeprägtem Maße zu, und sogar 47,8 Prozent glauben, die Hintergründe der Corona-Pandemie werden nie ans Licht der Öffentlichkeit kommen.

Aus diesem Drittel unmittelbar auf eine Gefahr für die Demokratie zu schließen wäre allerdings überzogen. Denn von einer solchen Verschwörungsannahme bis zur Umsetzung in politisches Verhalten, zum Beispiel dem Versuch, den Berliner Bundestag zu stürmen, ist ein weiter Weg. Er würde von Demonstrationen über Wahlverhalten bis hin zur Bereitschaft zu Gewalt reichen. Andererseits ist dies ein Hinweis darauf, dass Ende 2020 die Verbindung von Pandemie und ökonomischer sowie sozialer Krise für weite Schichten an die Substanz geht. Nach einer Studie des Instituts für Demoskopie Allensbach[2] sehen sich die im Oktober und November 2020 befragten 30- bis 59-Jährigen (die sogenannte Generation Mitte) zu 48 Prozent schlechter gestellt als vor der Krise; der Anteil der Befragten, die zuversichtlich in die Zukunft schauen, hat sich von 50 Prozent im Jahr 2018 auf 22 Prozent im Jahre 2020 reduziert. 72 Prozent der Deutschen stellen laut dem Allensbacher Institut »mehr Ängste, mehr Verunsicherung« fest; 71 Prozent sagen, »die Aggressivität habe zugenommen«. Ein knappes Viertel befürchtet, den eigenen Arbeitsplatz zu verlieren (2019 zum Vergleich: 14 Prozent), und jeder Zweite gibt an, die Globalisierung sei zu weit getrieben worden. Dies macht die Haltung der demokratischen Exekutive und ihre jeweilige Nachprüfbarkeit im Umgang mit der Pandemie entscheidend.

Gibt es wenig oder keine Korrekturen der eigenen Überzeugtheit und folgt man den Parolen seiner Gruppe blind, vergrößert sich die Gefahr weiterer Steigerung solcher Emotionen und dann auch der Gewalt. Dies geschieht vor allem dort, wo es nicht von Anfang an ein konsequentes Einschreiten von Zivilgesellschaft, Bürgermeister und Polizei, von Politik und Öffentlichkeit gegeben hat. Dynamik entsteht da, wo ihr nicht durch Transparenz und Effizienz in der Eindämmung sozialer Krisen entgegengewirkt wird.

Wenn auf Worte Taten folgen

Der politische Mord an dem nordhessischen Regierungspräsidenten und Verfechter einer vernünftigen Flüchtlingspolitik, dem langjährigem CDU-Politiker Walter Lübcke am 2. Juni 2019, war eine Folge agitatorischer und gewalttätiger Eskalation. Walter Lübcke war seit seiner offenen Unterstützung der Flüchtlingspolitik von Angela Merkel im Jahr 2015, vor allem aber in den letzten Monaten vor seinem Tod am 2. Juni 2019, einer Hetzkampagne vor allem in den sozialen Medien ausgesetzt. Einen Höhepunkt dabei stellte nicht zuletzt das Posting der Präsidentin der AfD-nahen Desiderius-Erasmus-Stiftung, Erika Steinbach, dar, das eine Walther-Pistole zeigte – und im Nachhinein wie ein Mordaufruf wirken konnte.

Der Mord an Walter Lübcke ist mutmaßlich von einem Täter verübt worden, der im Hotspot der terrorbereiten Szene im Umfeld von Combat 18 (C18) in Kassel lebte und agierte. Stephan Ernst erklärte in seinem später widerrufenen, gleichwohl von der Anklagebehörde ernst genommenen Geständnis, dass er den Mord seit Langem als Antwort auf die Flüchtlingspolitik des Ermordeten angedacht beziehungsweise geplant habe. Er agierte exakt nach den Vorstellungen terroristischer Formationen wie C18: Combat 18 (zu Deutsch: Kampftruppe Adolf Hitler), die in den rassistischen »Turner-Tagebüchern« formuliert worden sind: in Form eines führerlosen »Widerstands«, wie wir ihn auch von den ideologischen Konzepten des Nationalsozialistischen Untergrunds (NSU) kennen. Im Zweifel allein, aber gebunden an die Ideologie des rechten Terrors und seiner Netzwerke sowie entsprechende örtliche beziehungsweise regionale Szenen wie in Kassel. Zu diesem Szene- und Kontakt-Netz in und um Kassel gehört das Who's who der C18 und der mutmaßlichen NSU-Unterstützerszene.

Auch die höhnischen Kommentare im Internet nach dem Mord zeigen, wie entfesselt ein Teil der radikalisierten digitalen Unterstützer der Rechtsterroristen inzwischen ist. Die

AfD in Dithmarschen erklärte ihre Sympathie für den Mord.[3] Der AfD-Abgeordnete Ralph Müller erhob sich nicht bei der Trauerminute im Bayerischen Landtag,[4] und der Abgeordnete im Baden-Württembergischen Landtag, der ehemalige AfDler Wolfgang Gedeon, sprach in der Debatte über den Mord von einem »Vogelschiss«, den der rechtsextremistische Terror darstelle.[5]

Es ist für die Verteidigung der demokratischen politischen Kultur entscheidend, einen indirekten Zusammenhang und eine Mitverantwortung von Hass und Hetze für Gewalttaten anzuerkennen: Denn politische Morde oder rassistische Gewalt finden gehäuft in Zeiten aufgeheizter, ja aufhetzender Stimmungsmache statt. Dies gilt für die Morde an Walther Rathenau und an Matthias Erzberger in den frühen Zwanzigerjahren des letzten Jahrhunderts, an dem Danziger Oberbürgermeister Paweł Abramowitz Anfang 2019, den Mord an dem CDU-Politiker Walter Lübcke am 2. Juni 2019 und den Mordversuch an Henriette Reker im Oktober 2015.

Wir sind jedoch bei allen Gefahren für die Demokratie in Deutschland nicht in der Gefahr der Wiederholung von 1933, jedenfalls für absehbare Zeit nicht. Es ist dennoch Zeit, den Anfängen und Fortgängen zu wehren. Und die Chancen sind in Deutschland dafür gut. So ist es gelungen, die inzwischen weithin rechtsextreme AfD auf Bundesebene in Umfragen bei 10 Prozent stagnieren zu lassen, trotz der Pandemie und des damit einhergehenden Nährbodens für rechte Verschwörungstheorien.

In manchen ostdeutschen Bundesländern scheint es aber derzeit möglich, dass die AfD bei den nächsten Landtagswahlen stärkste Kraft werden könnte. Zudem ist es nicht gelungen, die Zunahme an Gewalt, die mit der Hetze von AfD, Pegida oder den neonazistischen Kleinstparteien Die Rechte und dem Dritten Weg verbunden war, schnell und angemessen einzudämmen. Stattdessen gab es eine Welle an Attentaten: Nach dem Mord an Walter Lübcke folgte am 9. Oktober 2019 das Attentat gegen die Synagoge in Halle und im Februar 2020 in Hanau gegen Jugendliche, deren Eltern nach Deutschland eingewandert waren. Vor dem Hintergrund dieser sich häufenden rechtsextremen Angriffe bekennt auch der Bundesinnenminister Horst Seehofer klar, dass die größte Gefahr für die deutsche Demokratie vom Rechtsextremismus ausgehe. Ein Eingeständnis, dem konkretes politisches Handeln folgen muss.

Grenzen ziehen

Wenn, wie die Leipziger Studie zeigt, immerhin ein Drittel der deutschen Staatsbürger an Verschwörungsannahmen glaubt oder in irgendeiner Weise etwas gegen Minderheiten hat, wird es entscheidend, was die demokratischen Kräfte tun, damit sich diese gefährliche Tendenz nicht ausweitet. Am Arbeitsplatz, im Freundeskreis, in der Familie oder öffentlich und in der Politik. Dazu gehören:

Mehr Sicherheit

Es gilt, Aggressionen Grenzen zu setzen, im Fall von Gewalt die Sicherheitsbehörden entschiedener handeln zu lassen und den rechtsextremen Charakter von Ideologie, Praxis und Partei kenntlich zu machen!

Zu den Voraussetzungen dafür, dass kommunale Politik Erfolg haben kann, gehört, dass die demokratischen Parteien glaubwürdig sind und nicht korrupt. Deswegen ist es entscheidend, dass Korruptionsfälle (wie beispielsweise in der Maskenaffäre) zu einer neuen entschiedenen Haltung gegenüber Nebeneinkünften und Beteiligungsgesellschaften führen, bis hin zu einem dauerhaften transparenten System.

Eigene Kompetenz vor Ort

Für politische Handlungsträger einer Kommune ist es entscheidend, nicht schlicht den Vorschlägen der AfD (oder der NPD) zu folgen, sondern für sich und in aller Öffentlichkeit klarzumachen, dass man sich mit deren Positionen nicht gemein macht und Bündnisse mit den anderen demokratischen Parteien (einschließlich einer pragmatischen Linken) zulässt oder sogar anstrebt. Das Ausschließen einer politischen Zusammenarbeit mit rechtsnationalen Parteien ist kein Verstoß gegen die demokratische Praxis, sondern eine notwendige Positionierung, um die Werte und Prinzipien der Demokratie zu verteidigen.

Politiker in den Kommunen sollten die Menschen mit ihren Problemen ernst nehmen und glaubwürdig und sozial sensibel darauf antworten. Gerade denjenigen, die unter Coronabedingungen immer apathischer oder depressiver werden, konkrete Angebote machen.

Um es am Beispiel eines langjährigen Bürgermeisters einer mittelgroßen brandenburgischen Stadt zu illustrieren: Es war seine Eigenart, nahezu täglich mit seinem Fahrrad durch die Stadt zu seinem Büro zu fahren. Dabei ließ er sich auf dem Weg dorthin durch Zuruf von seinem Fahrrad herunterholen, um mit den Bürgern zu sprechen, und kümmerte sich. Die Wiederwahl dieses Sozialdemokraten war nie ein Problem: Er erhielt stets 60 bis 70 Prozent in einer Region, in der rechtspopulistische Parteien sehr präsent sind.

Es macht einen Unterschied, ob man mit den Mitteln, die man hat, alles versucht, den Schwächeren und »Abgehängten« unbürokratisch unter die Arme zu greifen und darin von Land und Bund unterstützt wird.

Empathie und Bürgerkompetenz nutzen und stärken

Die Parteien sowie die Öffentlichkeit und nicht zu vergessen die Medien können hierbei an eine demokratisch-rechtsstaatliche Haltung einer großen Mehrheit anknüpfen und sie stark machen. Durch Initiativen zusammen mit der Zivilgesellschaft können sie dies sogar noch ausdehnen und ein Klima herstellen, in dem es nicht mehr in ist, gegen Juden, Geflüchtete oder Muslime das große Wort zu haben. Gewiss, da ist Zivilcourage gefragt. Wie erfolgreich das sein kann, zeigen nicht nur mutige Politiker und kritische Medien, sondern auch Einzelne, ob im Supermarkt, in der Betriebskantine oder beim Bier. Ich selbst habe während eines Aufenthalts in einem Sanatorium in Brandenburg die Erfahrung gemacht, dass es manchmal Stunden beim Bier oder beim Abendessen braucht, bis man gegenseitig das Vertrauen zueinander gefasst hat, sich über die schwerwiegenden Ungerechtigkeitserfahrungen in der Nachwendezeit auszutauschen, und dann auch einen Konsens darüber findet, dass man die Heimat nicht durch Aggression und Gewalt ins Verderben treiben lassen will.

Solidarität gegenüber Schwächeren und Empathie untereinander hängen auch von den Normen und Werten ab, die im Alltag, im Nahraum, ausgeübt werden. Sie zeigen sich in so großartigen Initiativen wie der Betreuung von Älteren untereinander, wie sie die »Herbstzeitlose« in Saalfeld betreibt. Sie wird durch das Vorbild politischer und sozialer Führungskräfte verstärkt, die von der Anerkennung der anderen in ihrer Verschiedenheit ausgehen. Je stärker etwa Kitas, vor allem aber Schulen, Lernprozesse organisieren, in denen Schülerinnen und Schüler eigene Verantwortung entwickeln und individuell und in der Gruppe anerkannt werden, desto eher sind Lernprozesse gegenseitigen Respekts, der Perspektiven-Übernahme und Prozesse moralischer Anerkennung möglich. Anerkennung ist aber ohne Selbstanerkennung, ohne Selbstwerterfahrung kaum denkbar.

Im Gespräch bleiben

Als ein mir nahestehender Gewerkschafter mir Anfang April 2021 in Berlin mitteilte, er gehe auf die nächste Querdenker-Demonstration, begründete er das damit, dass die Maßnahmen gegen Corona übertrieben seien, einer Diktatur gleichkämen, vom Kapital gesteuert seien und vor allem die Spaltung vertiefen würden. Am Telefon wirkte er bitter und verzweifelt und war erstaunt darüber, dass ich mich impfen lassen wollte. Ich widersprach ihm: Die Maßnahmen gegen Corona seien nicht übertrieben, allerdings zu wenig konsequent, die zeitweise Außerkraftsetzung bestimmter Grundrechte diene dem Recht auf Leben, in der Frage der Korruption sei kompromissloses Durchgreifen nötig, und ich empfahl ihm, sich, sobald es geht, impfen zu lassen.

Keine Politik mit der Angst

Es braucht in diesem Sinn einen demütigungsfreien Stil in der Politik wie in der Pädagogik, die wiederum durch ein liberales, offenes, ja zugewandtes Klima im Nahraum und in der Gesellschaft gestärkt wird. So können von der Kommune bis zur großen Politik Angst, Unsicherheit, Isolierung und Wut abgebaut werden. Es geht eben darum, nicht Angst auch noch zu schüren und Ressentiments zu entfesseln, sondern »keine Politik mit der Angst«[6] zu betreiben.

Für die Attraktivität der Demokratie wird jedoch vor allem entscheidend sein, ob es durch die Wahlen zu einer sozialökologischen Transformation kommt, in der die sozialen Schieflagen und die Klimakrise schnell und wirksam angegangen werden.

Keine Verharmlosung, kein Alarmismus – wie groß ist die Gefahr durch linke Gewalt?

von Peter Imbusch

Nimmt man den neuesten Verfassungsschutzbericht des Bundes 2020 zur Hand und schlägt dort nach, welche Daten zum Linksextremismus vorliegen, dann erfährt man schon im Vorwort des Innenministers, dass »(d)ie Zahl linksextremistisch motivierter Straftaten ... im Jahr 2020 einen neuen Höchststand (erreichte). Es besteht eine große Gewaltbereitschaft, die sich in der massiv gestiegenen Anzahl linksextremistischer Gewalttaten zeigt. Feststellbar ist auch eine deutliche Radikalisierung in Teilen der gewaltorientierten Szene. Gewalttaten werden gezielter, planvoller, ihre Auswirkungen werden massiver und betreffen zunehmend auch individuell ausgewählte Personen. Insgesamt hat sich der seit einigen Jahren feststellbare Wechsel der Aktionsformen weg von demonstrationsbezogener ›Massenmilitanz‹ hin zu Gewalttaten konspirativ agierender Kleingruppen fortgesetzt.«[1]

Das hört sich ziemlich alarmistisch an – und soll es wohl auch sein. Denn es folgt einem seit Längerem bestehenden Muster in der Auseinandersetzung mit dem (Rechts-)Extremismus, dass v. a. von Seiten der konservativen Parteien und der Sicherheitsbehörden stets im gleichen Atemzug auch auf die Gefahren von links hingewiesen wird und dass immer dann, wenn es um rechtsextreme Gewalt geht, der Hinweis auf die linke Gewalt auf dem Fuße folgt. Dabei werden jedoch meist nicht nur die ungleichen Proportionen der jeweiligen Straftaten, sondern auch deren inhaltliche Ausprägungen geflissentlich übersehen. Dass zusätzlich ausgerechnet die rechtspopulistischen bzw. rechtsextremen Parteien und Bewegungen in Deutschland und Europa den Linksextremismus (bzw. die ›linke Gewalt‹) als ihr neues Lieblingsthema auserkoren haben, macht die sachlich-nüchterne Auseinandersetzung mit dem Thema nicht leichter. Ohnehin fehlt es an guten systematischen und seriösen Analysen und wissenschaftlich fundierten Forschungen zum Linksextremismus.[2]

Selbst der Verfassungsschutzbericht hilft hier nicht wirklich weiter. Die Defizite und Unwägbarkeiten der Extremismus-Analysen des Verfassungsschutzes sind schon seit Langem bekannt – der implizite totalitarismustheoretische Kurzschluss in den Bezug auf den Extremismus;[3] Schätzungen von Mitgliederzahlen auf unbekannter Datengrundlage; die nicht näher qualifizierte Vermessung der Gewaltpotenziale; wenig gesicherte und v. a. differenzierte Erkenntnisse in Bezug auf ein äußerst heterogenes Spektrum von Parteien, Organisationen und Bewegungen; und v. a. die Defizite in der Erforschung der Gewalt von linkextremen Gruppierungen –, sodass man sich häufig mit spekulativen Erkenntnissen begnügen muss.[4]

Doch was kann nun unter Linksextremismus verstanden werden? »Linksextremismus« ist ja zunächst einmal eine stark vereinfachende und vereinheitlichende Fremdbezeichnung für sehr unterschiedliche und heterogene politische Gruppierungen mit sozialistischer, kommunistischer oder anarchistischer Orientierung, die Bezug nimmt auf den Marxismus oder an die marxistisch orientierte Ideen- und Theoriegeschichte anknüpft.[5] Unter Linksextremismus werden jene politischen Auffassungen und Bestrebungen zusammengefasst, die im Namen der Forderung nach einer von sozialer Gleichheit geprägten Gesellschaftsordnung die Normen und Regeln des bürgerlich-kapitalistischen Verfassungsstaates ablehnen und die ihre Gesellschafts- und Kapitalismuskritik mit Forderungen nach einer wie auch immer gearteten sozialistischen Umgestaltung verknüpfen. Die bestehende Staats- und Gesellschaftsordnung wird dabei als repressiv und zugunsten einer herrschaftsfreien Gesellschaft abgelehnt. Kern der linksextremen Ideologie ist die Überzeugung, dass die gegenwärtige kapitalistische Gesellschaft irreparabel falsch konstruiert ist und durch Reformen nicht bzw. nur begrenzt verbessert werden kann, sodass sie umgewälzt werden muss. Unterschiede bestehen zwischen den heterogenen linksradikalen Gruppierungen und je eigenen Milieus etwa hinsichtlich der Einschätzung, worin genau die grundlegenden Defekte des Kapitalismus zu sehen sind, worauf sie beruhen und wie sie behoben werden können. Ob und inwiefern Gewalt dazu ein geeignetes Mittel sein kann, ist innerhalb des Linksextremismus stark umstritten;[6] die gewaltorientierten Linksextremisten machen nur einen kleinen Teil des zugerechneten Personenkreises aus (von 35 400 Personen sind dies ca. 8700 Personen).[7]

Die Anliegen der linksextremen Gruppierungen und Parteien werden gewöhnlich in bestimmten Kategorien zusammengefasst:[8] Dazu gehören z. B. der Anti-Kapitalismus, die Anti-Globalisierung, die Anti-Repression, der Anti-Militarismus, der Anti-Faschismus, der Anti-Rassismus sowie die Anti-Gentrifizierung. Diesen Aktionsfeldern liegen in der Regel tatsächlich soziale Anliegen zugrunde, die an Teile der

Mehrheitsgesellschaft durchaus anschlussfähig wären. Allerdings schwindet die Anschlussfähigkeit, wenn es an die eingesetzten Mittel geht. Das von Armin Nassehi sogenannte »Sympathie-Paradox« entspricht dann spiegelbildlich einem »Antipathie-Paradox« bei den rechtsextremen politischen Kräften.[9] Es ist deshalb auch wenig hilfreich – wenn nicht sogar falsch –, dass die oben genannten Themen »anlassbezogen relevante, letztlich aber austauschbare Aktionsfelder (sind), die immer nur der Umsetzung der eigenen ideologischen Vorstellungen dienen. Zu deren Erreichung sind Linksextremisten grundsätzlich auch bereit, Gewalt einzusetzen.«[10] Es sind hierbei wesentlich die Mitglieder der Autonomen und vereinzelter Gruppierungen der Anarchisten,[11] die Gewalt als Mittel zum Zweck befürworten, wenn auch nicht immer selber ausführen. Dies schließt nahtlos an die sozialwissenschaftlichen Vermutungen über die Ursachen linker Gewalt sowie unterschiedliche Einschätzungen ihres ›politischen‹ Charakters an. Kontrovers ist etwa, ob die Formen der ausgeübten Gewalt wirklich politisch sind und die Motivationen zur Gewalt nicht eher persönlichen Kalkülen (wie etwa der Lust am Zoff) entspringen.[12]

Von den im jüngsten Verfassungsschutzbericht aufgelisteten 6632 Straftaten für den Linksextremismus sind 1237 Gewalttaten. Innerhalb dieser Gewalttaten entfallen auf Körperverletzungen 423 Fälle, auf Sachbeschädigungen (hier Brandstiftungen) 173 Fälle. Der größte Anteil entfällt auf typische Militanz-Delikte wie Landfriedensbruch (321) und sogenannte Widerstandsdelikte (213). Es folgen dann die Rubrik gefährliche Eingriffe in den Verkehr (84) und weit abgeschlagen als versuchte Tötung eingestufte Delikte (5). Betrachtet man die sonstigen Straftaten (5395), dann überwiegen mit weitem Abstand Sachbeschädigungen (3734), gefolgt von unklassifizierten Straftaten.[13] Es gibt also sehr wohl Angriffe auf Leib und Leben von links, wenn auch insgesamt eher wenige.

Die Anzahl der rechtsextremistischen Straftaten liegt jedoch insgesamt fast viermal so hoch wie beim Linksextremismus. Außerdem bestehen die rechtsextremen Gewalttaten (1023) zu vier Fünfteln aus Körperverletzungen. Zudem gibt es etliche Tötungs- und versuchte Tötungsdelikte (die allerdings im Bericht nicht adäquat erfasst werden).[14] Bei den sonstigen Straftaten (21334) stechen Propagandadelikte mit weitem Abstand hervor, gefolgt von Volksverhetzung und Beleidigungen. Und auch auf Sachbeschädigungen bzw. Nötigung/Bedrohung entfallen noch veritable Fallzahlen.[15] Aus diesen Zahlen geht nicht nur die unterschiedliche Qualität der Gewalttaten hervor – bei den Rechtsextremen ganz überwiegend Körperverletzungen und Tötungsdelikte, bei den Linksextremen mehrheitlich Landfriedensbruch und Widerstandsdelikte –, sondern offenbaren sich auch Differenzen bei den sonstigen Straftaten: Während bei den Rechtsextremen Propagandadelikte, Volksverhetzung und Beleidigung das Gros der Fälle ausmachen, sind es bei den Linksextremen Sachbeschädigungen.

Damit soll die linke Gewalt keineswegs kleingeredet oder gar relativiert werden, denn Gewalt bleibt Gewalt. Es geht hier vielmehr um eine realitätsgerechte Darstellung der wirklichen Gewalt-Ereignisse, des Gehalts dessen, was verallgemeinernd als Gewalt gelabelt wird, sowie der adäquaten Einschätzung der Gefahren, die für die Demokratie von linker Gewalt ausgehen. Immerhin stellt der Innenminister in seinem Grußwort selbst unmissverständlich klar: »Die größte Bedrohung der freiheitlichen demokratischen Grundordnung geht vom Rechtsextremismus aus.«[16]

Der Verfassungsschutzbericht 2020 gibt auch Auskunft darüber, gegen wen sich die politisch motivierten Gewalttatbestände richten: Sind es bei den Linksextremisten insgesamt 340 Fälle, die gegen Rechtsextremisten gewandt sind (davon 192 Körperverletzungen), so sind im umgekehrten Fall nur 77 Gewalttaten der Rechtsextremisten gegen Linke vorhanden (davon 60 Körperverletzungen). Und bei den als Gewalttaten eingestuften Delikten gegen die Polizei bzw. die Sicherheitsbehörden werden insgesamt 776 Fälle aufgeführt, davon fast 500 als Landfriedensbruch bzw. Widerstandsdelikt. Linke Gewalt richtet sich also ganz überwiegend gegen Rechtsextremisten oder im Zuge sogenannter Konfrontationsgewalt gegen Angehörige der Polizei. Die Körperverletzungen folgen mit 198 Fällen erst auf Platz drei.[17] Der Verfassungsschutzbericht enthält hingegen keine Daten zur rechtsextremistischen Gewalt gegen die Polizei.

Die Qualität der Daten des Verfassungsschutzes ist schon häufig kritisiert worden; es wurde auf die Begrenzungen der polizeilichen Kriminalstatistik hingewiesen; und es wurde wiederholt auch die Zuordnung bestimmter Straftaten zu bestimmten Kategorien kritisiert. Außerdem kann es durch Umwertungen des Gewaltverständnisses selbst zu sogenannten Klassifikationsbrüchen kommen und allein durch die Neubewertung eines Tatbestandes als Gewalt das Ausmaß der Gewalt zunehmen.[18] All das stellt die Verlässlichkeit der Datengrundlagen zur Gewaltentwicklung ein Stück weit infrage. So bleibt zum Beispiel unklar, was mit Gewalt gegen Polizeibeamte überhaupt genau gemeint ist. Aus gegebenem Anlass – hier die jüngste Räumung eines besetzten Hauses in

Berlin – hat Margarete Stokowski in einer Kolumne im *Spiegel*[19] auf die Willkürlichkeit von Klassifikationen hingewiesen, die zwar medienwirksam das Bild evozieren kann, dass die linke Gewalt zunehme und immer brutaler werde, aber diese Aussage bleibt letztlich ohne wissenschaftliche Fundierung, da nicht genügend zwischen konkreten Formen der ›Gewalt‹ unterschieden werde. Stokowski nennt das provokativ »Copaganda«. Nicht zuletzt ist darauf hinzuweisen, dass es bei der linken Gewalt beträchtliche Auseinandersetzungen um die diskursive Deutungshoheit in Bezug auf den Auslöser von Gewalt, den Beginn von Auseinandersetzungen und den konkreten Verlauf von Krawallen – etwa beim 1. Mai in Berlin oder in Leipzig Connewitz oder bei G20-Protesten wie zuletzt in Hamburg – gibt.[20]

Wie gefährlich sind dann linksextremistisches Gedankengut und linke Gewalt derzeit? Betrachtet man auf der einen Seite einmal die räumliche Verbreitung von linksextremer Gewalt, dann stellt man schnell fest, dass diese eher ein punktuelles Phänomen ist. Denn bei der politisch motivierten Gewalt von links konzentriert sich das Geschehen wesentlich auf drei Bundesländer (Berlin, Sachsen und Nordrhein-Westfalen) und hier v. a. auf bestimmte Stadtviertel.[21] Linke Gewalt ist also eher als ein situatives Ereignis anzusehen, das einem bestimmten Anlass folgt. Dagegen finden die Gewalttaten von rechts mit einer beträchtlichen Streuung über die Republik statt. Zwar gibt es auch hier einen gewissen Schwerpunkt in Berlin und Nordrhein-Westfalen, aber danach verteilt sich die Gewalt über das gesamte Bundesgebiet. Nicht nur sind also der Umfang und die Art der rechtsextremen Gewalt gefährlicher, sondern auch ihre räumliche Ausdehnung größer.

Was die politische Ausstrahlungskraft betrifft, kann man

für die linksextremistischen Parteien und Gruppierungen eine relative Erfolglosigkeit ihrer politischen Bemühungen konstatieren. Die Mitgliederzahlen der unterschiedlichen Organisationen stagnieren oder sind seit Jahren rückläufig. Die Probleme dieser Gruppierungen sind entweder hausgemacht oder gehen auf ideologische Rigiditäten zurück – was diese Gruppen wenig attraktiv erscheinen lässt.[22] Dies steht auch im Gegensatz zu rechtspopulistischen bzw. rechtsextremen Parteien und Gruppierungen, die sich seit Jahren eines beträchtlichen Zulaufs erfreuen, ideologisch gefestigter und insgesamt gewaltbereiter und in der Lage sind, bestimmte politische Themen zu kapern und zu instrumentalisieren. Deren Gewicht strahlt bis in die Mitte der Gesellschaft aus,[23] wohingegen die linksextremen Vereinigungen politisch quasi als bedeutungslos einzustufen sind.

Anhand dieser Differenzierungen lässt sich erkennen, dass es sich im Unterschied zum bewegungsorientierten oder organisierten Rechtsextremismus beim Linksextremismus nicht nur um ein komplett anderes politisches Phänomen handelt – was dringend in der angemessenen Differenziertheit wahrgenommen werden sollte –, sondern er gegenwärtig in der Bundesrepublik Deutschland auch eine höchst überschaubare Gefahr für die Demokratie darstellt.

Es lohnt sich zudem, einen Blick auf die Ideengeschichte und die historischen Traditionsbezüge der Weltbilder der beiden extremistischen Richtungen zu werfen. Dazu könnte man in apodiktischer Zuspitzung Folgendes festhalten: Beim Rechtsextremismus findet sich ein geschlossenes und rückwärtsgewandtes ideologisches Weltbild, welches rassistisch, fremdenfeindlich und ungleichheitsorientiert ist. Die damit verbundene Ideologie ist menschenfeindlich bzw.

menschenverachtend, insgesamt ist sie also vollkommen antidemokratisch. Den Rechtsextremismus zeichnet zudem eine hohe generelle Gewaltbereitschaft gegen Menschen aus, die sich proaktiv und wahlweise, aber unterschiedslos gegen Minderheiten und Fremde, aber auch sonstige nicht in das ideologische Weltbild passende Personen richtet. Der Linksextremismus zeichnet sich – bei aller berechtigten Kritik an der Gewalt – zunächst einmal durch ein per se heterogenes und zukunftsorientiertes ideologisches Weltbild aus, welches internationalistisch und gleichheitsorientiert ist. Die damit verbundene Ideologie ist grundsätzlich menschenfreundlich und insgesamt radikaldemokratisch. Auch wenn es immer wieder ideologisch geprägte Feindbilder und Gewaltbegründungen gab, ist die Gewalt linksextremer Gruppierungen intern politisch umstritten, und die akzidentielle Gewaltbereitschaft richtet sich mehrheitlich gegen Sachen oder ist eine sogenannte Konfrontationsgewalt – und als solche historisch eher reaktiv. Rechtsextremisten und Linksextremisten folgen also ganz unterschiedlichen, geradezu gegensätzlichen Denktraditionen, weshalb linke und rechte Gewalttäter auch nicht einfach als ›Extremisten‹ gleichgesetzt werden sollten.

Doch wie muss man linksextremistischem Gedankengut begegnen? Was sollte man gegen linke Gewalt tun?[24] In Bezug auf den ersten Punkt wäre eine diskursive Auseinandersetzung geboten; ein wenig Vertrauen auf die Macht des besseren politischen Arguments kann hier ebenfalls nicht schaden. In konflikttheoretischer Hinsicht bedeutet das aber zugleich auch, dass man die Anliegen dieser Gruppen ein Stück weit ernst nimmt, sie als seismographisches Warnsystem für bestimmte gesellschaftliche Missstände betrachtet, um daraus die richtigen Schlussfolgerungen zu ziehen. Sinnvoll wäre auch eine verbale Abrüstung im Umgang mit diesen Gruppierungen, denn ihr politischer Einfluss ist begrenzt, auch wenn der angerichtete Schaden beizeiten beträchtlich ist. Dies gilt auch in Bezug auf den zweiten Punkt: Es bringt aus meiner Sicht wenig, die gewaltbereiten linksextremen Gruppen über Gebühr zu kriminalisieren, ihre Aktionen zu dramatisieren oder sie in die Nähe von Terroristen zu rücken. Natürlich muss der Staat der Gewalt Einhalt gebieten und entsprechende Delikte auch konsequent ahnden. Doch was im Einzelfall als Gewalt gilt, wie schwerwiegend sie eingeschätzt wird und mit welchen Mitteln ihr zunächst begegnet wird, das liegt ebenfalls in staatlicher Hand. Als Präventionsmaßnahmen taugen gesellschaftliche Aufklärung und politische Bildung, weniger aber aufwendige Ausstiegsprogramme, die bei Linksextremisten in der Regel ins Leere laufen. Hilfreich in diesem Sinne wäre auch eine Auseinandersetzung mit den Legitimationsstrategien von politischer Gewalt von links, die sich keineswegs nur in vermeintlich »legitimer Gegenwehr«[25] erschöpfen, sondern wahlweise auch vielgestaltige historische Erfahrungen verarbeiten oder gar Gerechtigkeitsaspekte beinhalten.

Grenzverletzungen im Namen
der Religion

von Lamya Kaddor

Vor Kurzem bin ich in eine Unterhaltung auf »Clubhouse«
hineingeraten. Das ist ein neues soziales Netzwerk, das man
sich wie eine Podiumsdiskussion im Radio vorstellen kann.
Nutzer*innen können über die zugehörige App eine Ge-
sprächsrunde zu einem Thema eröffnen und andere zum
Mitdiskutieren einladen. Mitunter betreten Tausende diesen
virtuellen Raum und lauschen den Gesprächen. Wer mitreden
möchte, signalisiert diesen Wunsch und wird dann gegebenenfalls eingebunden. Ich verfolgte an jenem Abend eine solche »Clubhouse«-Runde zum Thema Jura und Islam. Einige
Dutzend vorwiegend jüngere Menschen erörterten dabei die
Frage, ob gläubige Muslim*innen in Deutschland Rechtswissenschaften studieren und anschließend Berufe wie Richte-
rin, Staatsanwalt, Rechtsanwältin oder Notar ergreifen dürften. Im Zweifelsfall müssten sie in dieser Funktion schließlich
weltliches über islamisches Recht stellen, wurde argumentiert. Sie müssten womöglich Bestimmungen anwenden, die
im Islam so nicht vorgesehen seien oder die von islamischen
Regelungen abwichen. Als Problem wurden zudem Eides-
formeln ausgemacht, die angeblich den Glauben verletzten.
Die Bundesrechtsanwaltsordnung (BRAO) beispielsweise
verlangt in § 12a Abs. 1: Der Bewerber hat folgenden Eid vor

der Rechtsanwaltskammer zu leisten: »Ich schwöre bei Gott dem Allmächtigen und Allwissenden, die verfassungsmäßige Ordnung zu wahren und die Pflichten eines Rechtsanwalts gewissenhaft zu erfüllen, so wahr mir Gott helfe.« Obwohl die BRAO diesen Eid auch ohne religiöse Beteuerung ermöglicht (Abs. 2) und sogar die Option umfasst (Abs. 4), aus Glaubens- oder Gewissensgründen bloß folgendes Gelöbnis zu leisten: »Ich gelobe, die verfassungsmäßige Ordnung zu wahren und die Pflichten eines Rechtsanwalts gewissenhaft zu erfüllen«, meinten einige »Clubhouse«-Nutzer*innen, dies stelle mittelbar eine Art Treueid an eine andere Instanz als Gott dar, und sie warfen die Fragen auf: Gesellt man damit Gott andere Götter bei, was im Islam gemeinhin als schlimmste Sünde überhaupt gilt? Führt Jura allgemein dazu, das islamische Recht zu degradieren?

Die größte Herausforderung für gläubige Menschen im freiheitlichen Rechtsstaat ist die Differenzierung. Differenzierung, vorneweg die Teilung der Gewalten, ist der Kernauftrag jeder Gesellschaft, die sich moderne demokratische Prinzipien als Organisationsformen gegeben hat. Diese Differenzierung steht jedoch den Kernüberzeugungen von Religionen oft entgegen: Religionen lehren der erhöhten Seele den Weg in die Ewigkeit, Demokratien weisen dem erniedrigten Leib den Weg durch die kurze Episode menschlichen Daseins. Das gilt insbesondere für die abrahamitischen Religionen Judentum, Christentum und Islam, die die deutsche Gesellschaft am stärksten prägen. Religiöse Menschen streben dem Jenseits entgegen, sie wollen mit ihrer Seele in ein Paradies einkehren, einen Zustand ewiger Glückseligkeit und absoluter Freiheit erreichen, der ihnen jeglichen Ballast von den Schultern nimmt. Um den Zugang dorthin zu erhalten, müssen sie das Diesseits durchschreiten. Diese Etappe ist gespickt mit Prüfungen wie Verführung, Ungerechtigkeit, Reichtum, Armut, Krankheit, Leid, Zorn, Neid etc. Das Ergebnis, also das jeweilige Verhalten in den Prüfungen, gibt der allerhöchsten Macht (Gott) Anhaltspunkte für die Entscheidung, ob eine Seele den Weg zu ihrem Ziel gehen darf oder nicht. Dabei legt Gott allein die Spielregeln fest – unumstößlich und ohne jegliche Gewaltenteilung. Aus dieser Konstellation heraus ergibt sich für viele Gläubige automatisch ein Vorrang des Religiösen vor dem Weltlichen.

Solange sich diese Priorisierung allein in der Gedankenwelt abspielt, geht sie den Staat nichts an. Beginnt sie jedoch, das politische und gesellschaftliche Verhalten eines Menschen zu beeinflussen, kann das für moderne westliche Demokratien zum Problem werden. Denn das religiöse Recht in den meisten Religionen hat seine Wurzeln nicht nur in Jahrhunderten beziehungsweise Jahrtausenden zuvor, sondern gleichsam in anderen kultur-geografischen Räumen – im Fall der abrahamitischen Religionen im Vorderen Orient. Dort, in längst vergangenen Tagen, gründen viele der Vorstellungen von Moral und Gerechtigkeit. Einige davon sind kontradiktorisch zu den heutigen. Ein Beispiel: In der Wüstenwelt der alten Araber galt es zum Beispiel nach dem Sieg über einen verfeindeten Stamm und der Eroberung seines Territoriums als verwerflicher, die Palmen der Besiegten abzuholzen, als die Besiegten samt Familien zu versklaven oder gar zu töten. Nachvollziehbar wird eine solche Ethik erst, wenn man sich zum einen eine Oase in ihrer lebensfeindlichen Umgebung vorstellt und darin die Überlebensgrundlage künftiger Generationen erkennt, und sich zum anderen klarmacht, dass Versklavung damals eine gesellschaftliche Normalität und Töten allgegenwärtig war.

»Si fueris Romae, Romano vivito more!« Oder anders gesagt: »Andere Länder, andere Sitten.« Eine Aufgabe der Theologie besteht darin, religiöses Recht dem kontinuierlichen Fortschreiten der Zeit anzupassen und es für Gläubige in anderen Weltregionen lebbar zu machen: Das Fasten im Ramadan beispielsweise dauert laut Koran von der Morgendämmerung bis zum Eintritt der Dunkelheit (Koran: Sure 2, Vers 187). Aber was tun Muslim*innen jenseits der Polarkreise, wenn kein Wechsel zwischen Tag und Nacht stattfindet?

Während sich liberale Strömungen innerhalb von Religionen aktiv um Anpassungen an die Moderne und an andere geografische Räume bemühen, zielen konservative, orthodoxe und vor allem fundamentalistische Strömungen darauf ab, den jahrhundertealten Originalschriften möglichst wortgetreu zu folgen und die dadurch gewonnenen Lehren unverändert durch den Lauf der Zeit hindurch von Generation zu Generation weiterzugeben. Vor diesem Hintergrund neigen Letztere eher dazu, göttliches über weltliches Recht zu stellen. Denn manches lässt sich nicht im Einklang mit einer modernen demokratischen Gesetzgebung aufrechterhalten wie zum Beispiel die ablehnende Haltung der katholischen Kirche zur Übernahme von Priester- oder Bischofsämtern durch Frauen. Dabei legt das Grundgesetz in Art. 3 Abs. 2 fest: »Männer und Frauen sind gleichberechtigt.«

Der radikalste Ausdruck dieser Diskrepanz zwischen göttlichem und menschlichem Recht können Gewaltanwendungen sein, wie sie gegenwärtig vor allem im Namen des Islams etwa gegen angebliche »Ungläubige« durchgeführt werden oder im Namen des Christentums etwa gegen Ärzt*innen, die Schwangerschaftsabbrüche vornehmen. Das eigene Leben wird dabei bisweilen riskiert, um den »Feinden Gottes« zu schaden und im Gegenzug mit dem Passierschein zum Paradies belohnt zu werden. Was interessieren Menschen, die solche Überzeugungen haben, weltliche Staatsverfassungen?

Nun zeigt sich aber, dass vermeintlich religiöses Verhalten nicht immer religiös intendiert sein muss. Mitunter kaschiert es andere Motive. Das können zum Beispiel tiefer gehende Fragen nach der eigenen Identität sein, die einem unangenehmer sind und die viel schwerer zu beantworten sind. Jüdinnen und Juden in Deutschland ebenso wie Muslim*innen sind davon stärker betroffen als andere, weil bei ihnen die Eigenschaft »Religion« in den meisten Fällen mit der Eigenschaft »Migrationshintergrund« zusammenfällt. Muslim*innen in Deutschland haben überwiegend eine Zuwanderungsgeschichte nach dem Zweiten Weltkrieg, die meisten Jüdinnen und Juden eine nach dem Zusammenbruch der Sowjetunion. Religion und Herkunft sind bei ihnen oft eng miteinander verbunden und lassen sich nur mühsam wieder separieren.

Ein »Migrationshintergrund« in Deutschland, insbesondere wenn er türkischen, arabischen, afrikanischen oder osteuropäischen Ursprungs ist, bedeutet fast immer Erfahrungen mit Ausgrenzung und Diskriminierung, die entweder selbst gemacht wurden oder aus dem familiären Umfeld bekannt sind. Darüber zu sprechen fällt vielen Betroffenen schwer.

Deutlich anders ist das bei deutschen Muslim*innen in Bezug auf Religion. Schon im Jugendalter sind sie in der Regel wenig zurückhaltend, wenn sie ihren Glauben thematisieren sollen,[1] während bei deutschen Christ*innen oft gilt: »Das

Reden von Christus wird zum Tabu.«[2] Viele Muslim*innen können daher leichter über ihre Religion sprechen als über ihre Identität und die Frage: »Bin ich Deutsche*r oder Ausländer*in?« Durch jahrzehntelanges »othering« – »wir« und »die Ausländer« – ist das Zugehörigkeitsgefühl zu Deutschland bei vielen angespannt oder gestört. Das ist typisch für eine Diaspora-Situation, wie sie James Clifford versteht:[3] Insbesondere Menschen, die durch wirtschaftliche oder politische Zwänge zur Migration gedrängt wurden, tragen oft ein Gefühl der Entwurzelung und Fremdheit gegenüber der Gesellschaft des Aufnahmelandes in sich. Das geben sie vielfach an nachfolgende Generationen weiter. Dieses Gefühl kann sich in der Überhöhung der alten Heimat und der Überbetonung der Zusammengehörigkeit anhand von spezifischen Merkmalen wie Religion oder kulturellen Traditionen äußern.

In den gravierendsten Fällen können solche Diskrepanzen dazu beitragen, dass sich Menschen radikalisieren, wie es sich nach dem Jahr 2014 bei Einwanderern mit muslimischem Familienhintergrund oder deren Nachkommen verstärkt beobachten ließ. Damals erregte der Dschihadismus durch die Erfolge der Terrormiliz IS in Syrien und im Irak Aufsehen und weckte Interesse. Der Diaspora-Faktor erklärt die Radikalisierung in den Dschihadismus selbstverständlich nicht erschöpfend, auch lässt sich der Diaspora-Faktor nicht einfach auf andere Gruppen übertragen, im Judentum beispielsweise entfaltet er nicht die gleiche Radikalisierungsdynamik. Dennoch stellte sich später heraus, viele der vermeintlich religiösen Fanatiker, die sich dem IS anschlossen, hatten weder vorher noch nachher tiefere Religionskenntnisse erlangt. Ein zentraler Antrieb für ihre »Terrorist*innenkarriere« war vielmehr die Suche nach Halt in einer Gemeinschaft, in der sie sich akzeptiert und sich nicht entwurzelt, ausgegrenzt und abgewertet fühlen.[4]

Wer sich nun aber hinter religiösen Floskeln bloß versteckt, dem ist mit religiösen Maßnahmen nicht beizukommen. Wenn sich Menschen aus Angst vor Ausgrenzung abkapseln und in religiöses Verhalten flüchten, wenn radikalisierte Jugendliche nicht wegen religiöser Überzeugungen zum IS gehen, dann sind theologische Ansätze oder gesetzliche Regelungen, die auf Religionsausübung abzielen, nicht der richtige Weg. Die Frage nach göttlichem versus menschlichem Recht betrifft komplexe soziologische Zusammenhänge, die nicht ausgeklammert werden dürfen. Die alleinige Konzentration auf religiöse Aspekte stellt nicht nur eine unzulässige, sondern auch eine gefährliche Verkürzung dar. In der Vergangenheit führten solche Verkürzungen zu falschen Schlussfolgerungen und am Ende zu weiteren Problemen, wie die identitär gefärbte Debatte, ob der Islam zu Deutschland gehöre, gezeigt hat. Die Debatte wurde auch dazu genutzt, Muslim*innen im Land weiter zu marginalisieren, was die sozialen Spannungen weiter verschärft hat.

Ein anderes Beispiel für religiöse Kulturalisierung beziehungsweise für die »Islamisierung« von Sachverhalten sind die aufgeheizten Diskussionen im Schatten dschihadistischen Terrors über das islamische Kopftuch in den Nullerjahren. Sie lösten in mehreren Bundesländern Gesetzesinitiativen aus, um einseitig Verbote unter anderem an Schulen zu verhängen,[5] was 2015 vom Bundesverfassungsgericht in Teilen kassiert wurde, denn »ein pauschales Kopftuchverbot für Lehrkräfte in öffentlichen Schulen ist mit der Verfassung nicht vereinbar«.[6] Hans Michael Heinig setzte noch 2018 in

einem Interview mit dem Deutschlandfunk zu der spitz formulierten Warnung an: »Eine zu undifferenzierte Islamkritik
scheint mir fast gefährlicher inzwischen zu sein als die orthodoxe Religionspraxis einiger Muslime.«[7]

Vergegenwärtigt man sich diese Entwicklungen, drängt sich
leicht die Vermutung auf, dass es in der eingangs beschriebe-
nen »Clubhouse«-Runde zu Jura und Islam ebenfalls nicht nur
um rein theologische Fragen gegangen ist. Die Diskussion
war gespickt mit Hinweisen auf persönliche Verletztheiten
aufgrund von Ausgrenzungen durch die Mehrheitsgesellschaft und aufgrund von Vorurteilen unter Kolleg*innen
und Kommiliton*innen, wonach Muslim*innen wegen ihres
Glaubens per se keine neutralen Jurist*innen sein könnten.
Quantitativ lassen sich kaum belastbare Aussagen dazu treffen, weil die Empirie entweder gar nicht vorhanden oder zu
unspezifisch ist.

Die wichtigste Untersuchung zum weiter gefassten The-
menkomplex Religiosität im Islam ist der »Religionsmonitor«
der Bertelsmann-Stiftung von 2015, wonach Muslim*innen in
Deutschland unabhängig von der Intensität ihres Glaubens
eng mit Staat und Gesellschaft verbunden sind.[8] Anderen Erhebungen mit anderen Akzentuierungen mangelt es häufig an
den erforderlichen Differenzierungen. Die Studie »Integration
und Religion aus der Sicht von Türkeistämmigen in Deutschland«[9] umfasst beispielsweise das Item: »Die Befolgung der
Gebote meiner Religion ist für mich wichtiger als die Gesetze
des Staates, in dem ich lebe«, dem 47 Prozent der Befragten
»stark« oder »eher« zugestimmt haben, oder das Item: »Muslime sollten die Rückkehr zu einer Gesellschaftsordnung wie
zu Zeiten des Propheten Mohammeds anstreben« mit 32 Pro-

zent Bejahung. Beim ersten Item blieb die Beeinflussung der Antworten durch den Diaspora-Faktor unberücksichtigt und beim zweiten die Annahme, dass die meisten Befragten vermutlich keinerlei Vorstellungen vom Leben der Menschen zu Zeiten Muhammads im 7. Jahrhundert auf der arabischen Halbinsel gehabt haben dürften.

Damit ergibt sich mithin folgende Prämisse: Für aussagekräftige Forschungsergebnisse zur Rechtstreue gläubiger Menschen gegenüber dem Staat in Deutschland müssen also gegebenenfalls Zuwanderungserfahrungen berücksichtigt werden. Forschende müssen sich dabei vergegenwärtigen, dass ein Teil der Bevölkerung zwar als (streng) religiös gelesen wird (Stichwort: Muslimisierung der Muslim*innen[10]) und sich teilweise auch selbst so darstellt, tatsächlich aber im rechtsstaatlichen Sinne säkular ist.

Am Ende sind es meist Kleriker*innen oder Religionsgelehrte, auf die die Debatte über Gottesrecht versus Menschenrecht zuläuft. Dabei gilt erneut, dass bei konservativen und fundamentalistischen Vertreter*innen die Diskrepanzen am größten sind. Ihre Haltungen prägen Gläubige, die sich in ihrem Dunstkreis befinden, und sie ziehen autoritäre Persönlichkeiten an, die empfänglicher für Befehl und Gehorsam sind. Es ist unbestritten, dass konservative und fundamentalistische Prediger*innen ein nennenswerter Faktor in der religiösen Landschaft Deutschlands sind. Doch wie groß diese Gruppe tatsächlich ist, ist wiederum wegen des Mangels an verlässlichen empirischen Erhebungen weitgehend ungeklärt.

Vieles dagegen weist in Deutschland auf eine wachsende Säkularisierung hin. Die größte Religionsgruppe hierzulande ist die der Christ*innen, mit großem Abstand folgen die Muslim*innen. Die Kirchen verlieren zunehmend Mitglieder, und die Muslim*innen sind nach wie vor überwiegend nicht in Vereinen oder Verbänden organisiert.[11] So wie viele Christ*innen nur noch an Weihnachten in die Kirchen gehen, gehen viele Muslim*innen nur noch zum Ende des Ramadans in die Moschee. Solche Beobachtungen können zwar nicht unmittelbar mit weniger Gläubigkeit gleichgesetzt werden, denn ein Austritt aus der Kirche oder eine Distanz zu den Islamverbänden ist nicht zwangsläufig mit Abwesenheit von Religiosität verbunden, sondern gründet vielleicht nur auf der Unzufriedenheit mit den Institutionen. Wer sich jedoch dem Zugriff religiöser Institutionen entzieht, verlagert seinen Glauben automatisch stärker ins Private. Dort können Menschen – die Gedanken sind frei – egal welcher Überzeugung sein, solange diese ihr Verhalten als Staatsbürger*innen nicht beeinflusst.

Studien weisen jedoch darauf hin, dass neben der institutionellen Religionszugehörigkeit auch die Religiosität in Deutschland abnimmt. Für das Christentum ist die Entwicklung verhältnismäßig gut belegt,[12] im Bereich des Islams sind die Studien dünner gesät und angesichts der Verzerrungen durch die Diaspora-Situation schwieriger in empirisch messbare Merkmale umzuwandeln. Doch Forscher*innen postulieren inzwischen auch hier, »dass ein nicht unbeträchtlicher Teil der in Deutschland lebenden Muslime relativ säkular ist«.[13] Der Religionswissenschaftler Michael Blume vertrat 2017 prominent die These, immer weniger Muslim*innen lebten ihren Glauben aktiv aus.[14]

Nach meinem Eindruck deutet alles darauf hin, dass der Widerstreit zwischen göttlichem und religiösem Recht im Alltag weniger Menschen betrifft, als es die öffentliche Meinung suggeriert. Fälle von islamischer Paralleljustiz oder das Ausbremsen weltlicher Gerichtsbarkeit durch kirchenrechtliche Praktiken, wie sie im Zusammenhang mit der Aufarbeitung des Missbrauchsskandales verhandelt werden,[15] sorgen zwar für viel Aufsehen, vom Alltag der meisten Gläubigen sind sie jedoch abgekoppelt. Zusätzlich tragen Vorfälle wie verweigerte Handschläge mit Frauen oder das Pochen auf bestimmte Bekleidungsformen zur Prominenz des Themas bei, auch wenn sie rechtsstaatlich kaum von Relevanz sind. In der Schweiz zum Beispiel wurde im März 2021 die Volksinitiative »Ja zum Verhüllungsverbot« angenommen. Dabei tragen Schätzungen zufolge landesweit maximal 36 Schweizerinnen dauerhaft eine islamische Ganzkörperverschleierung – ähnlich wenige Personen wie in anderen westeuropäischen Staaten.[16] Hierfür eine verfassungsrechtliche Änderung herbeizuführen schießt meines Erachtens über das Ziel hinaus. Es stellt sich die Frage, was die eigentlichen Motive dahinter gewesen sind, wenn man die Initianten betrachtet, die vorwiegend aus dem rechtspopulistischen und islamfeindlichen Milieu stammen und bereits 2009 ein Verbot zum Bau von Minaretten durchgesetzt hatten.

Doch trotz solcher notwendigen Einschränkungen und Relativierungen ist der Widerstreit zwischen religiösem und weltlichem Recht existent und eine Herausforderung. Denn selbst wenn religiöse Haltungen lediglich vorgeschoben sein mögen, um von noch unangenehmeren Identitätsproblemen abzulenken, bleibt die Kraft des Faktischen bestehen. Wenn junge Menschen tatsächlich aus religiösen Gründen Abstand vom Studium der Rechtswissenschaften nehmen wollen, ist Aufklärungsarbeit nötig – unabhängig davon, dass in Wirklichkeit auch soziologische Aspekte die Auslöser sein können. Wenn homosexuelle Personen entgegen rechtsstaatlicher Bestimmungen unter Berufung auf religiöse Überzeugungen de facto benachteiligt werden, besteht Handlungsbedarf. Wenn innerhalb der Religionsgemeinschaften eindeutig gegen geltende Grundrechte verstoßen wird, müssen der Religionsfreiheit Grenzen durch die Demokratie und ihre Verfasstheit gesetzt werden. Das gilt zwar bereits, dennoch zeigen sich hier und da Vollzugsdefizite. Im Erzbistum Köln wurden offenkundig sexualisierte Verbrechen an Kindern vertuscht und blieben strafrechtlich ungesühnt. Diese Vorfälle zu einer innerkirchlichen Angelegenheit zu erklären, wie es in Teilen der Politik geschehen ist,[17] gibt die staatlichen Schutzpflichten preis.

Staat und Gesellschaft müssen die Entwicklungen stets im Blick behalten. In einer zunehmend diversen Gesellschaft dürfen Religionen keine Sonderrechte für sich beanspruchen. Wenn jede Gruppe ihrem eigenen Recht folgen würde, würde das zu einer Zerfaserung dessen führen, was die Gesellschaft zusammenhält. Eine Gesellschaft braucht eine gemeinsame gerechte Basis, auf der sie sich friedlich entwickeln kann. Diese Basis ist das Grundgesetz. Auch religiöse Gemeinschaften dürfen es unter Verweis auf göttliches Recht nicht unterwandern. Solange der Staat sich um gerechtes Handeln bemüht, gibt es für Religionsgemeinschaften keinen Anlass zu intervenieren, und das ist im freiheitlich-rechtsstaatlichen Deutschland der Fall. Wenn jeder Mensch die Möglichkeit hat, seinen Glauben im Privatbereich und an bestimmten Begegnungsorten frei zu leben, haben sich Religionsgemeinschaften aus der politischen Gestaltung des staatlichen Gemeinwesens herauszuhalten.

Umgekehrt hat sich der Staat aus den inneren Angelegenheiten einer Religionsgemeinschaft herauszuhalten. Das setzt voraus, dass sie auf dem Boden des Grundgesetzes steht. Das ist nicht immer eindeutig gegeben – sowohl im Hinblick auf die katholische Kirche als auch auf die Islamverbände, die sich als Religionsgemeinschaften verstehen wollen. Zweifel gegenüber Letzteren werden häufig mit Verweis auf Einflüsse aus dem Ausland erhoben. Die Bedenken sind vielfach berechtigt. Das gilt besonders im Hinblick auf die großen Verbände wie die Türkisch-Islamische Union der Anstalt für Religion e. V. (DITIB) oder den Islamrat für die Bundesrepublik Deutschland e. V., die beispielsweise dem Einfluss der autoritären Regierung des türkischen Staatspräsidenten Recep Erdoğan unterliegen.

Sofern solche Bedenken ausgeräumt sind und zudem beispielsweise sichergestellt ist, dass die Mitgliedschaft von Gläubigen freiwillig und ein Austritt, sprich die Abwendung von einer Religionszugehörigkeit, jederzeit möglich ist, ist es meines Erachtens legitim, wenn der Staat noch einen Schritt weiter geht und, wie heute schon üblich, weitreichendere Rechte gewährt. Eine Verleihung solcher Privilegien setze dann aber erst recht die Rechtstreue der Religionsgemeinschaft voraus, betont Mathias Rohe: »Sie muss insbesondere die Gewähr dafür bieten, dass sie die übertragene Hoheitsgewalt nur im Einklang mit Verfassungsrecht und sonstigem Gesetz ausüben wird und dass ihr künftiges Verhalten die in Art. 1 und 20 des Grundgesetzes formulierten fundamentalen Verfassungsprinzipien, dem staatlichen Schutz anvertraute Grundrechte Dritter und die Grundprinzipien des freiheitlichen Religions- und Staatskirchenrechts Deutschlands nicht gefährdet.«[18] Vorbehaltlich dessen sollte ein freiheitlicher Rechtsstaat angesichts der herausragenden historischen, sozialen und existenziellen Bedeutung von Religionen weiterhin gewisse Sonderbestimmungen wie etwa ein kirchliches Arbeitsrecht tolerieren. Auch wenn sich Frauen beispielsweise Vorgaben wie Verboten von Weiheämtern oder Verschleierungsforderungen unterwerfen wollen, sollte das in einer demokratischen Gesellschaft grundsätzlich möglich sein. Im deutschen Religionsverfassungsrecht ist die Trennung von Staat und Kirche schließlich als »Element der Freiheit aufgenommen worden und nicht als Kampfbegriff zur Verdrängung der Religion aus dem Öffentlichen«, wie der Staatskirchenrechtler Axel Freiherr von Campenhausen schreibt.[19] Überholt von den jüngsten Entwicklungen in Deutschland erscheint mir indes die ebenfalls durch von Campenhausen vertretene Ansicht, wonach das Selbstbestimmungsrecht von Religionsgemeinschaften gänzlich frei von staatlicher Aufsicht und Bevormundung sein müsse.[20] Insbesondere vor dem Hintergrund einer religiösen und weltanschaulichen Pluralisierung unter anderem infolge der Aufnahme der überwiegend säkularen DDR in den Geltungsbereich des Grundgesetzes und der Einwanderung nicht-christlicher Staatsbürger*innen sind Forderungen nach einer Revision des vor allem durch die beiden großen Kirchen geprägten herkömmlichen Systems berechtigt, um es den neuen Bedürfnissen anzupassen; aber das ist ein anderes Thema.

Vor dem Hintergrund der vielfältig gewordenen religiösen Gegebenheiten im heutigen Deutschland muss der Staat aber Grundregeln festlegen können. Seine Aufgabe ist es, einen praktikablen Ausgleich zwischen der Religionsfreiheit und gegebenenfalls konkurrierenden Grundrechten zu schaffen. Menschen mit fundamentalistischen Auffassungen müssen dabei die Verlierer*innen sein, ihre Vorstellungen sind in einer freiheitlich-demokratischen Gesellschaft nur im Privaten staatlich tolerierbar – und nur, solange sie auch dort nicht zu Strafrechtsverstößen führen. Angehende Jurist*innen, die tatsächlich von Diskrepanzen zwischen ihrem Glauben und einem möglichen Beruf überzeugt sind, sollten ihre Berufswahl überdenken. Extremistische Bewerber*innen müssen, wie es derzeit üblich ist, per gesetzlichen Regelungen von einer Berufsausübung ferngehalten werden. Für seine eigenen Institutionen darf der Staat in jedem Fall Bestimmungen treffen. »Burkaverbote« vor Gericht oder Verbote religiöser Symbole in staatlichen Einrichtungen sind zu akzeptieren, falls sie nicht gegen einzelne Religionen oder Weltanschauungen gerichtet sind und damit Diskriminierung betreiben. Schon 1959 hatte Hans Barion festgehalten, dass das weltliche Recht »ekklesiologisch notwendig farbenblind« sei.[21] Etwaige politische Ansätze zu einer historisch begründeten Durchsetzung von Vorrechten älterer Religionsgemeinschaften zum Beispiel unter Berufung auf ein »jüdisch-christliches Abendland« werden in Zukunft weiter unter Rechtfertigungsdruck geraten.

Prinzipiell sollte der Staat wie bisher mit Religions- und Weltanschauungsgemeinschaften zusammenarbeiten können. Das Konzept der fördernden Neutralität hat sich bislang bewährt. Denn trotz aller Säkularisierungsprozesse leisten die Gemeinschaften viel für die seelische Gesundheit der Einwohner*innen, sind in der freien Wohlfahrtspflege aktiv und tragen im Sinne der Subsidiarität zur Bewältigung zahlreicher gesellschaftlicher Aufgaben bei. Damit sorgen sie für Zusammenhalt in der Gesellschaft, eine der grundlegenden Aufgaben eines Staatswesens. Beide Seiten regulieren sich gegenseitig: Der Staat hat einen moralischen, die Religions- und Weltanschauungsgemeinschaften haben einen rechts- staatlichen Wächter über sich.

Der Widerstreit zwischen göttlichem und menschlichem Recht in Deutschland ist ohne Zweifel gegeben, aber weniger relevant, als vielfach angenommen wird. Für genauere Er- kenntnisse sind detailliertere Daten zur Religionszugehörig- keit und substanziellere Forschungen zur Religiosität nötig. Das Verhältnis von Staat und Religion hat sich grundsätzlich bewährt, an einzelnen Stellen wie beim Vollzug geltenden Rechts oder der rechtlichen Integration von Religionen, die anders verfasst sind als das Christentum – derzeit primär der Islam –, muss der Gesetzgeber nachjustieren, um dem gesell- schaftlichen Wandel gerecht zu werden.

Die Schmerzgrenze – vom Umgang mit verfassungsfeindlichen Polizisten und Bundeswehrsoldaten

von Dirk Laabs

Über 68 Jahre nach Gründung der Bundesrepublik verkündete das Bundesverwaltungsgericht in Leipzig am 17. November 2017 ein richtungsweisendes Urteil: Es definierte darin unmissverständlich die Schmerzgrenze des deutsches Staates, wenn es um das (Fehl-)Verhalten der eigenen Beamten geht. Der Vorgang hatte bereits zehn Jahre zuvor in Berlin seinen Anfang genommen und schien auf den ersten Blick ein sehr klarer Fall zu sein. Der damals 33 Jahre alte Polizeikommissar Andreas T., eingesetzt auf einem Revier in Friedrichshain, war aktiv in der Nazirock-Szene. Er reiste zu Konzerten rechtsradikaler Bands ins Ausland, verkehrte mit führenden Nazirockern, er entwarf sogar für die in der rechten Szene bekannte Berliner Nazi-Band D.S.T. (»Deutsch, Stolz, Treue«), deren Musik zuvor regelmäßig indiziert worden war, das Booklet für eine neue CD.[1] 2007 ging das Berliner Landeskriminalamt gegen die Band und ihr Umfeld vor, durchsuchte dabei auch die Wohnung des Polizisten. Die Ermittler fanden dort einschlägige Nazi-Literatur, gerahmte Porträts von Adolf Hitler und Horst Wessel und außerdem Fotos von Konzertreisen, auf denen Andreas T. zu sehen war, wie er den Arm zum Hitler-Gruß nach oben streckt.[2] Der Polizist hatte sich zudem über die Jahre etliche eindeutige Tattoos stechen lassen,

114

darunter eine Wolfsangel, eine Odalrune und eine Sigrune. Allesamt Zeichen, die unter anderem SS-Einheiten benutzt hatten oder, wie im Fall der Wolfsangel, in der modernen Nazi-Szene getragen wurden, um an die »Werwölfe« zu erinnern – Soldaten, die nach dem Zweiten Weltkrieg verdeckt weitergekämpft hatten. Gegen den Beamten wurde Anzeige erstattet, zudem ein Disziplinarverfahren eröffnet. Er wurde suspendiert – musste also fortan zu Hause bleiben, allerdings bei vollen Bezügen. Doch die Staatsanwaltschaft stellte das Verfahren wegen der Tätowierungen und der Fotos mit dem Hitler-Gruß schnell wieder ein, da, wie es hieß, nicht mit der »erforderlichen Sicherheit« festgestellt werden könne, dass der Beklagte die Tätowierungen öffentlich gezeigt habe. Das Verfahren wegen seiner Unterstützung der Nazi-Band endete ebenfalls mit einem Freispruch. Wie in solchen Fällen üblich, hatte der Dienstherr von Andreas T. das strafrechtliche Prozedere abgewartet, denn ein Jahr Freiheitsentzug – auch auf Bewährung – hätte bedeutet, dass der Polizist automatisch seinen Status als Beamter verliert. Die Berliner Verwaltung begann deshalb erst nach dem Freispruch, das Disziplinarverfahren gegen den Polizisten zu forcieren, drängte unter anderem wegen der Tätowierungen auf seine Entlassung – verlor jedoch ein Jahr später am Berliner Verwaltungsgericht. Erst im Mai 2017 nahm sich das Oberverwaltungsgericht in Brandenburg als nächste Instanz der Sache wieder an – und gab erneut dem Polizisten recht. Zu dem Zeitpunkt hatte Andreas T. seit fast sieben Jahren weiter seinen Sold bekommen, obwohl er nach wie vor suspendiert war. Ein halbes Jahr später setzte erst das Bundesverwaltungsgericht in Leipzig all dem ein Ende. Dem Vorsitzenden Richter fiel in der mündlichen Verhandlung nicht nur auf, dass ein Notenband, das sich der

Polizist um den Hals hatte tätowieren lassen, die ersten Takte des Horst-Wessel-Liedes darstellte; er zerpflückte mit seinen Kollegen vor allem die Urteile der vorhergehenden Instanzen. Dabei prägte die Kammer einen neuen Leitsatz: »Ein Verstoß gegen die Verfassungstreuepflicht setzt weder ein öffentlich sichtbares noch ein strafbares Verhalten des Beamten voraus.«[3] Das war bisher von anderen Instanzen regelmäßig anders gesehen worden. Sie hatten in dem vorliegenden Fall argumentiert, der Mann müsse Polizist bleiben dürfen, da er sich nicht im Dienst rechtsextremistisch geäußert hätte und zudem nicht offen für seine Sache geworben habe, außerdem sei er strafrechtlich nicht belangt worden. Doch das oberste Gericht stellte nun dagegen klar, dass ein Beamter 24 Stunden für den Staat einzustehen hat. Die Möglichkeit, quasi rein privat extremistisch tätig zu sein, gibt es nicht. Genauso wenig war entscheidend, dass die Fotos Andreas T. nur im Ausland mit Hitler-Gruß zeigten: »Die Verfassungstreuepflicht endet nicht an der Staatsgrenze.« Sie ist mithin absolut.

Die Begründung des Leipziger Gerichts war in vielerlei Hinsicht interessant. Zunächst einmal sprach es Bände, dass ein bundesdeutsches Gericht explizit ausführen musste, dass »die nationalsozialistischen Staatsvorstellungen ... in schärfstem Widerspruch zum Begriff eines Berufsbeamtentums [standen und stehen], das dem Staat und Volk als Ganzem verpflichtet ist«. An vielen Stellen betont das Gericht zudem die Pflicht eines Beamten zur Verteidigung des Grundgesetzes. Es reiche nicht, als Beamter lediglich kein Nazi zu sein, er oder sie sei vielmehr »verpflichtet, bereits dem Anschein einer Wiederbelebung nationalsozialistischer Tendenzen entgegenzutreten«. Denn: »Unverzichtbar ist ..., dass der Beamte den Staat und die geltende verfassungsrechtliche Ordnung bejaht, sie als schützenswert anerkennt, in diesem Sinne sich zu ihnen bekennt und aktiv für sie eintritt.« Beamte stünden in einem besonderen öffentlich-rechtlichen Dienst- und Treueverhältnis: »Der Staat ist darauf angewiesen, dass seine Beamten für ihn einstehen und Partei für ihn ergreifen.« Beamte als die erste Linie des Widerstands also. Das Urteil kann daher nicht nur als Verbot, sondern als ein klarer Auftrag für alle Beamten gelesen werden.

Bei mehreren Hundert Soldaten und Polizisten im aktiven Dienst bestehen eindeutig Zweifel, ob sie diesen Auftrag mittragen – sei es, weil sie sich rassistisch oder verfassungsfeindlich in einem Chat geäußert oder weil sie im Dienst Zweifel an der eigenen Verfassungstreue geweckt haben. Für diese vielen Beamten ist das Disziplinarrecht zuständig – wie es auszulegen und anzuwenden ist, hat das Bundesverwaltungsgericht nun endgültig klargemacht. Das Leipziger Urteil deckt eine Vielzahl der bekannten und gängigen Problemfälle ab, es hat also die Voraussetzungen geschaffen, um mit den meisten abtrünnigen Beamten fertigzuwerden. Alle Probleme sind damit aber nicht gelöst – denn das oberste Verwaltungsgericht ist nicht für strafrechtliche Vorgänge zuständig. Das Strafrecht ist allerdings entscheidend, wenn es um die Bekämpfung gefährlicher extremistischer Soldaten und Polizisten geht. Diese Gruppe von Beamten, die ihre Verfassungsfeindlichkeit in aktives Handeln umsetzen will, ist sehr viel kleiner als die der rechtsradikalen Polizisten insgesamt – bekannt sind etwa 200 gefestigte Verfassungsfeinde, wobei die Dunkelziffer sehr viel größer sein dürfte. Von dieser Gruppe geht eine akute Terrorgefahr aus. Umso schwerer wiegt es, dass hier die Versäumnisse bei der juristischen Aufarbeitung besonders groß sind. Hier geht es nicht darum, ob die Gesinnung der

Beschuldigten richtig bewertet worden ist – die Gesinnung, egal wie radikal, darf sowieso im Strafrecht gerade nicht die Hauptrolle spielen.[4] Es geht vor allem darum, dass die Verfahren sich zu lange hinschleppen und sich meist nur gegen Einzelpersonen, nicht aber Strukturen richten. Dass dieser ernüchternde Eindruck in der Öffentlichkeit entstehen konnte, hängt vor allem mit dem Fall Franco A. zusammen, der am Anfang der langen Kette von Skandalen und Berichten über rechtsradikale Soldaten und Polizisten stand.

Zweierlei Maß?

Franco A. aus Offenbach war Offizier der Bundeswehr, als er im April 2017 – wenige Monate vor dem bahnbrechenden Urteil des Bundesverwaltungsgerichts also – im Dienst verhaftet wurde. Er war bereits wenige Wochen zuvor von den österreichischen Behörden festgenommen worden, als er am Flughafen in Wien eine Pistole aus einem Versteck holte.[5] Die österreichische Polizei verhörte ihn, wertete sein Telefon aus, ließ ihn laufen, alarmierte aber Ermittler in Deutschland, da sich auf dem Handy etliche Hinweise gefunden hatten, dass Franco A. einen Anschlag geplant hatte. Der Offizier wurde beschattet und abgehört, zunächst auf Anordnung der Staatsanwaltschaft Frankfurt. Die Ermittlungen ergaben dann, dass sich Franco A. zum Schein als Flüchtling aus Syrien hatte registrieren lassen und er zudem weitere Waffen zu besorgen schien. Als nach der Verhaftung von Franco A. die politische Tragweite des Falles deutlich wurde, übernahm die Bundesanwaltschaft das Verfahren, die in Deutschland für Terrorismusfälle zuständig ist. Die Ermittlungen führte das

Bundeskriminalamt. Mithilfe der Telefondaten und anderer Beweismittel, die man bei Franco A. fand, stieß das BKA auf eine ganze Reihe weiterer Soldaten, Polizisten und Zivilisten, die mit Franco A. zu tun hatten und seine verfassungsfeindliche Einstellung zu teilen schienen. Franco A., so zeigte unter anderem sein Handy, hielt Kontakt zu mehreren KSK-Soldaten, darunter ein Afghanistan-Veteran namens André S. Die beiden Männer kannten sich auch persönlich. André S. hatte ab Ende 2015 den Aufbau von mindestens vier Gruppen veranlasst, die sich ohne Wissen der Vorgesetzten, also am Staat vorbei, auf den sogenannten *Tag X* – dem Zusammenbruch des Systems in Deutschland – vorbereiteten. Dazu trainierte man gemeinsam, rekrutierte Gleichgesinnte, legte Waffenlager an und suchte Safehäuser. Die Kommunikation wurde über *Telegram*-Chatgruppen organisiert. Hier gab sich der KSK-Soldat André S. den Namen »Hannibal«. Die Gruppe im Norden nannte sich »Nordkreuz«, Mitglieder bestellten dort Leichensäcke und legten mithilfe von Polizisten Feindeslisten an – ein eindeutiges Zeichen, dass man sich nicht nur passiv verteidigen wollte. Franco A. gehörte zur Gruppe im Süden und nahm an deren Treffen teil, die »Hannibal« organisiert hatte und die zum Teil als Treffen des Vereins *Uniter* getarnt waren, der sich vordergründig als Verein ausgab, der Kommando-Soldaten bei der Lösung ziviler Probleme helfen wollte. Diesen Verein hatte »Hannibal« wiederum selber mit anderen KSK-Soldaten gegründet. Bei einem Treffen ging es beispielsweise darum, welche militärischen Gelände man am Tag des Umsturzes besetzen wollte. Franco A. wusste laut Zeugenaussagen zudem, dass sich am *Tag X* die Umstürzler durch einen Aufnäher von *Uniter* – ein blaues Kreuz – erkennen sollten. Das alles zeigten bereits die ersten Ermittlungen.

Es fiel auch auf, dass »Hannibal« und Franco A. ähnlich argumentierten, sich zu inspirieren schienen – man konnte und wollte nicht darauf warten, dass der Tag X von allein kommen und das System dabei zusammenbrechen würde. Stattdessen propagierten sie, dass die Gruppe nachhelfen müsste. »Hannibal« schrieb [Schreibweise im Original]: »Wenn der Konflikt nicht dieses oder nächstes Jahr kommt brauchen wir in spätestens 10 Jahren gar nicht erst daran denken uns wehren zu wollen.«[6] »Hannibal« spielte hier auf vermeintlich gefährliche Geflüchtete an, die Deutschland angeblich überrennen und denen man sich rechtzeitig entgegenstellen müsse. Franco A. formulierte es laut Bundesgerichtshof so: »Notwendig sei eine ... politisch wirksame Handlung, weil der Mensch auch ›die größte Wahrheit‹ nicht annehmen werde, wenn sie nicht mit einem ›auslösenden Event verbunden‹ sei. ... es solle etwa ein Asylbewerber dazu gebracht werden, eine Granate auf eine Gruppe der Antifa zu werfen und dabei gefilmt werden.«[7]

Durch die Ermittlungen gegen den Offizier Franco A. stieß man also auf eine gefährliche Szene. Doch aus diesem Geflecht von mindestens 200 Mitgliedern klagte die Bundesanwaltschaft neben Franco A. trotzdem nur zwei weitere Männer an – einen Kriminalbeamten und einen Anwalt aus Mecklenburg-Vorpommern. Ein vierter Mann, Ex-Soldat und ehemals Mitglied des Sondereinsatzkommandos in Schwerin, Marko G., der intensive Kontakte zum direkten Umfeld von Franco A. und »Hannibal« hatte, wurde nur als Zeuge geführt. An diesem Status änderte die Bundesanwaltschaft auch nichts, als Kollegen bei dem damals noch aktiven Polizisten bei einer Durchsuchung Tausende Schuss Munition und Waffen fanden. Obwohl die Genesis des Falles nahegelegt hätte, gegen das gesamte Geflecht strukturiert vorzugehen, entschied man sich für einen anderen Weg. Die Zusammenhänge innerhalb dieser Gruppe wurden aus der Öffentlichkeit gehalten, und es entstand so der oftmals falsche und verwirrende Eindruck, dass eine Vielzahl von »Einzelfällen« zufällig alle zu einem ähnlichen Zeitpunkt entdeckt worden waren.

Erst durch eine gezielte Indiskretion erfuhr die Öffentlichkeit, dass die Fälle im Norden und Franco A. überhaupt zusammenhingen. BKA-Unterlagen aus dem Franco-A.-Verfahren wurden an ausgewählte Medien durchgesteckt. Die Verbindungen zu Franco A. gingen in den ersten medialen Darstellungen allerdings unter. Erschwerend kam hinzu, dass der Haftbefehl gegen Franco A. aufgehoben wurde und das Oberlandesgericht Frankfurt zeitweilig verkündete, den Offizier gar nicht wegen seiner mutmaßlichen Terrorvorbereitungen anzuklagen. Dazu wurde das OLG erst später vom Bundesgerichtshof verdonnert. Dieses Hin und Her führte zu einer immer weiteren Verzögerung des Prozesses gegen den Offizier und zu einer Verunsicherung der Medien – was durfte man überhaupt über Franco A. schreiben? Wie substanziell war die Anklage?

Die Bundesanwaltschaft hatte zudem durch die Taktik, die Fälle jeweils isoliert zu betrachten, eine weitere Entscheidung bereits vorweggenommen: Es wurde nicht wegen der Gründung einer terroristischen Vereinigung ermittelt. Franco A. und den Beschuldigten im Norden wurde stattdessen und getrennt voneinander vorgeworfen, eine »schwere staatsgefährdende Straftat« geplant zu haben. Die sperrige Formulierung ist Teil eines relativ neuen Paragrafen, gemeint ist damit nichts anderes als die Planung eines Terroranschlags. Erst 2009 hatte der Bundestag diese Gesetzeserweiterung beschlossen. Mit dem neuen Paragrafen wollte man islamistische Attentäter in Wartestellung juristisch stoppen können, die sich als Einzelkämpfer in Terrorcamps ausbilden ließen, ohne dass sie Mitglieder bei einer größeren Gruppe wie al-Qaida waren und schon ein Attentat begangen hätten. In ihrer Begründung, warum es den neuen Paragrafen brauche, wies die Bundesregierung schon damals ausdrücklich auf die Gefahr rechter Terroristen hin, die sich in Kleinstgruppen auf Anschläge vorbereiten würden.

Wenn der Paragraf 89 gezogen wird, signalisieren die Ankläger, dass kein Umfeld oder Unterstützer ermittelt werden konnte – weil es nicht greifbar oder tatsächlich nicht vorhanden ist. Aber genau dieses Umfeld gab es ja eigentlich bei Franco A. und den zwei Beschuldigten im Norden. Hätte man den »Zeugen« Marko G., bei dem man so viele Waffen und Munition gefunden hatte, auch wegen der Vorbereitung einer *schweren staatsgefährdenden Straftat* beschuldigt, hätte für die Gruppe im Norden automatisch der Tatbestand erweitert werden müssen, da sich dann drei Personen zu einer Terrorgruppe zusammengefunden hätten: die Mindestgröße, um den Paragrafen 129 des Strafgesetzbuches ziehen zu können. Der wurde unter anderem als Reaktion auf den Terror der RAF und der Bewegung des 2. Juni erlassen, um auch die Vorbereitung von Terroranschlägen bestrafen und gegen Unterstützer härter vorgehen zu können. Der Rechtswissenschaftler Mark A. Zöller erklärt den Hintergrund: »Vorher war es so: Entweder [der] Zugriff auf die terrorismusverdächtigen Personen erfolgte zu früh. Dann wurde zwar regelmäßig der bevorstehende Anschlag verhindert, aber möglicherweise musste man die Beschuldigten dann laufen lassen, weil sie über die bloße Vorbereitung von Straftaten hinaus noch nichts getan hatten.

Oder der Zugriff erfolgte zu spät, wenn die Straftat schon begangen worden war.«[8]

Der Fall der extremistischen Soldaten und Polizisten fällt genau darunter: Die Verhaftung von Franco A. hatte mutmaßlich mögliche Anschläge verhindert und gleichzeitig die Dynamik der Gruppen um »Hannibal« wie Nordkreuz gebrochen. Allerdings blieb ein potenziell gefährliches Unterstützerumfeld zurück. Doch statt sich auf Paragraf 129 zu beziehen, delegierte die Bundesanwaltschaft den Fall an die Staatsanwaltschaft in Schwerin, die gegen Marko G. lediglich wegen des Verstoßes gegen das Kriegswaffenkontrollgesetz ermitteln sollte. Die Staatsanwaltschaft ließ das lokale LKA neue Ermittlungen durchführen, unter anderem werteten deren Ermittler die Festplatten und Handys von Marko G. aus, die zuvor beim BKA unbearbeitet herumlagen. Es fanden sich darauf immer mehr und neue Hinweise, dass Marko G. eine treibende Kraft in der Gruppe war. Trotzdem weigerte sich die Bundesanwaltschaft, das Verfahren von Marko G. zu übernehmen und zu erweitern. Gleichzeitig hatte sie aber die Verfahren gegen die anderen beiden Beschuldigten – enge Komplizen von Marko G., wie die Ermittlungen eindeutig gezeigt hatten – wegen der Vorbereitung eines Terroranschlages noch nicht eingestellt. Ein widersprüchliches Verhalten, auf das die Staatsanwaltschaft Schwerin mehrmals hinwies: Ganz offensichtlich gab es mindestens drei mutmaßliche Mitglieder in der Gruppe, genug also, um Paragraf 129 zu ziehen. Ihr waren jedoch die Hände gebunden – nur die Bundesanwaltschaft hätte diesen Weg einschlagen können. Dafür sah man dort aus juristischen Gründen keinen Anlass, wie man dem zuständigen Landgericht in Schwerin mitteilte.

Kritiker – zu denen Landtags- und Bundestagsabgeordnete, aber auch andere Staatsanwälte gehören – warfen der Bundesanwaltschaft öffentlich und in Gesprächen mit mir vor, die juristischen Gründe nur vorgeschoben zu haben, um die Ausmaße des Komplexes nicht zu groß werden zu lassen – womöglich um einen größeren politischen Skandal zu verhindern. Eine heikle Situation, weil die Ermittlungen so erschwert werden. So konnte auch vier Jahre nach der ersten Durchsuchung bei Marko G. der Verdacht nicht ausgeräumt werden, dass ihm ausgerechnet Polizisten von Sondereinheiten aus vielen Teilen Deutschlands bei der Beschaffung von Munition geholfen haben. Inzwischen gibt es sogar Beweise dafür, dass Beamte einer Spezialeinheit aus Sachsen Munition an einen Mann im Umfeld von Marko G. übergeben haben – im Gegenzug für ein klandestines Schießtraining. Auch gegen Mitglieder von Sondereinheiten aus Bayern wird deshalb in der Sache inzwischen ermittelt – fast zwei Jahre nach der letzten Durchsuchung bei Marko G. Die Möglichkeit, dass Polizisten von Spezialeinheiten dafür verantwortlich sind, dass Behördenmunition im Umfeld einer rechten Terrorgruppe landen konnte, wird immer wahrscheinlicher. Zur Erinnerung: Zu RAF-Zeiten war der Anwalt Arndt Müller, der Pistolen für die Baader-Meinhof-Gruppe in das Gefängnis in Stammheim geschmuggelt hatte, zu fast vier Jahren und acht Monaten Haft verurteilt worden – wegen Unterstützung einer terroristischen Vereinigung.

Die sanfte Behandlung von Marko G. ist keine Ausnahme: Auch gegen seinen und Franco A.s Kontakt beim KSK, André S., »Hannibal«, ging man zwar strafrechtlich vor, aber auch er wurde nur wegen des Verstoßes gegen das Kriegswaffenkontrollgesetz angeklagt – man hatte Zünder von Übungshandgranaten bei ihm gefunden. Dass ein Zeuge berichtete,

»Hannibal« habe ihn zum Umsturz der Regierung aufgerufen, die Zeit sei reif, wie damals 1944, und sich dabei in der Rolle von Stauffenbergs sah – Merkel war demnach Hitler –, spielte juristisch bislang keine Rolle.[9] Und das, obwohl »Hannibal« selber beim BKA nicht abgestritten hatte, dass er ein Netz von Gruppen in Deutschland organisiert hatte, die sich auf einen Tag X – den Tag des Umsturzes – vorbereiteten. Allerdings angeblich aus reinen Trainingsgründen, wie er beim BKA hervorhob.

Inzwischen weiß man, dass mindestens 30 Soldaten des KSK unter dem Verdacht stehen, als Rechtsextremisten gewirkt zu haben. Bei einem fand man – ganz wie bei Marko G. in Mecklenburg-Vorpommern – ein Waffenlager und eine umfangreiche Nazi-Propaganda-Sammlung. Und genau wie Marko G. wurde der KSK-Soldat trotz des beachtlichen Volumens des Waffenlagers nur wegen des Verstoßes gegen das Kriegswaffenkontrollgesetz zu einer Bewährungsstrafe verurteilt. Beide verloren zwar ihren Beamtenstatus, da die Strafe höher als ein Jahr auf Bewährung ausfiel, aber die Hintergründe und ihre Kontakte zur extremistischen Szene wurden in den Prozessen nicht erhellt, weil es darum bei dem angeklagten Delikt – Verstoß gegen das Kriegswaffenkontrollgesetz – im Kern nicht geht. Im Falle des KSK-Soldaten lagen sogar umfangreiche Informationen der Nachrichtendienste vor, die ihn als gefährlichen Rechtsextremisten schwer belasteten, aber nicht ins Verfahren eingeführt wurden.[10]

Wegen all dieser Vorkommnisse drängt sich bei Kritikern und Beobachtern der Eindruck auf, dass die Zurückhaltung der Bundesanwaltschaft nicht nur juristische Gründe hat, sondern dass es vor allem auch darum geht, den Schaden für politische Verantwortungsträger zu begrenzen. Die rückhaltlose Aufklärung einer gewaltbereiten Bewegung, die von Polizisten und Soldaten vorangetrieben wurde, bleibt auf der Strecke. Es hätte allerdings Stärke gezeigt und dem Staat eben nicht geschadet, wenn man konsequent ein Terror-Verfahren gegen mehrere selbst ernannte Elite-Soldaten und ihre Unterstützer bei der Polizei und im Apparat angestrengt hätte. Für die Öffentlichkeit wäre es wichtig gewesen, dass das Geflecht aus rechtsextremistischen Beamten schnell, umfassend und transparent aufgeklärt wird – um das Vertrauen in die Bundeswehr und die Polizei zurückzugewinnen. Stattdessen sind zentrale Fragen vier Jahre nach dem Beginn der Affäre noch immer öffentlich unbeantwortet: Welche Kontakte hatten rechtsextremistische Beamte untereinander? Wie viele Komplizen hatten sie wirklich? Welcher Polizist oder Soldat hat Munition an sie durchgesteckt?

Dadurch, dass sich die Aufklärung so lange hinzog, entstand der Eindruck, dass mit zweierlei Maß gemessen wird. So ist es schwer vorstellbar, dass ein Islamist oder ein Linksextremist, der Waffen, Sprengstoff und Munition gehortet, Kontakt zu anderen Extremisten gehalten, Leichensäcke bestellt, Feindeslisten angelegt und Ziele ausgespäht hat, nicht auch als mutmaßlicher Terrorist angeklagt worden wäre. In der Tat findet sich kein jüngerer Fall eines Islamisten, der ausschließlich wegen des Verstoßes gegen das Kriegswaffenkontrollgesetz angeklagt worden ist. Der ideologische Hintergrund, Waffenfunde und zum Teil vage Anschlagspläne reichten meist immer aus, um Islamisten auch als Terroristen anzuklagen.

Opfer der aktuellen Situation ist nicht zuletzt die große Mehr-
zahl von Polizisten und Soldaten, die vorbehaltlos das Grundgesetz verteidigen, nun aber mit dem Ansehensverlust der
Institutionen jeden Tag leben müssen, obwohl sie sich persönlich nichts zuschulden kommen lassen haben.

1. Der Staat und seine Repräsentanten sind verpflichtet, auch
   und gerade bei extremistischen Verdachtsfällen durch-
   zugreifen, gerade wenn es um die eigenen Beamten, »die
   eigenen Leute«, geht. Das Problem lässt sich nicht intern
   von der Polizei oder der Bundeswehr allein lösen. Die
   Staatsanwaltschaften müssen dort konsequent und transparent ermitteln lassen.

2. Dabei muss die Dunkelziffer von Soldaten und Polizisten,
   die sich etwa in Chats verfassungsfeindlich oder rassistisch äußern, erhellt werden. Eine wissenschaftliche Aufarbeitung der bekannten Fälle darf nicht weiter blockiert
   werden. Ein verlässliches Lagebild muss her.

3. Das Bundesverwaltungsgericht hat dem Staat mit dem
   Urteil aus dem Jahr 2017 gerade noch rechtzeitig eine
   scharfe Waffe an die Hand gegeben, um sich besser gegen
   rechtsradikale Beamte zu schützen, die noch nicht straf-
   fällig geworden sind. Doch bislang wird das Urteil nur
   unzureichend beachtet. Das Bundesinnenministerium
   verweist in einem Papier aus dem Jahr 2019 – »Verfassungstreue von Beamten; beamtenrechtliche Konsequenzen der
   politischen Betätigung von Beamten« – zwar auf das Urteil,
   jedoch sehr knapp und wenig prominent auf Seite 4.[11]

4. Ein Bundesinnenminister oder eine Bundesinnenministe-

rin etwa müsste sich explizit auf das Urteil beziehen. Damit es seine potenziell große Wirkung entfachen kann, muss es als entscheidender Maßstab nicht nur von Verwaltungsgerichten ernst genommen werden, sondern von allen Beamten und Kandidaten, die Beamten werden wollen. *Sie müssen für den Staat einstehen und Partei für ihn ergreifen. Sie müssen aktiv die verfassungsrechtliche Ordnung verteidigen.*

Nur mit verfassungstreuen Beamten kann unsere Demokratie wehrhaft bleiben.

Wo der Rechtsstaat konsequenter gegen Hass und Demokratiefeindlichkeit vorgehen muss

von Ingke Goeckenjan

Es ist eine allgemeine Beobachtung, dass politische und öffentliche Debatten in den vergangenen Jahren erheblich an Schärfe zugenommen haben – vor allem, aber nicht nur in der digitalen Welt. Jeden Tag sehen sich Politikerinnen, Journalisten, Wissenschaftlerinnen, Netzaktivisten oder einfach meinungsfreudige Bürgerinnen in sozialen Medien Häme und Beleidigungen ausgesetzt. Die Betroffenen werden nicht nur als Individuen herabgewürdigt, die Äußerungen sind oft auch Ausdruck von gruppenbezogener Menschenfeindlichkeit. Nicht selten kommen Schilderungen gewaltsamer und sexualisierter Übergriffe oder gar offene Drohungen mit schwersten Straftaten hinzu. Dass Worten auch Taten folgen können, hat in erschreckender Weise die Ermordung des Kasseler Regierungspräsidenten Walter Lübcke im Jahr 2019 gezeigt: Der mittlerweile wegen Mordes an Lübcke erstinstanzlich verurteilte Stephan Ernst hatte vor seiner Tat auf YouTube gepostet, es sei »Schluss mit reden«; entweder die Regierung danke bald ab oder es werde »Tote geben«.[1] Zermürbt von fortwährenden Attacken und im Angesicht ganz realer Bedrohungen wenden sich immer mehr Menschen von den sozialen Medien ab oder ziehen sich aus der Öffentlichkeit zurück. Wenn Hassrede Menschen zum Schweigen bringt, birgt dieser *Silencing*

Effect eine ernsthafte Gefahr für Meinungspluralismus und Demokratie.

Dieser Gefahr muss der Rechtsstaat entgegentreten. Der Staat ist verpflichtet, die Persönlichkeitsrechte von Bürgerinnen und Bürgern zu schützen und im Fall ihrer strafbaren Verletzung für eine konsequente Strafverfolgung zu sorgen. Dabei geht es nicht nur um den Schutz individueller Grundrechte, sondern um die Schaffung und Erhaltung einer Debattenkultur, die für das Funktionieren eines demokratischen Gemeinwesens unverzichtbar ist. Was also ist Hassrede? Wie können staatliche Institutionen gegen Hassrede und die mit ihr verbundenen Gefährdungen für die Demokratie vorgehen, und mit welchen Instrumenten? Welche Rolle sollte dabei das Strafrecht spielen? Und wie können die Persönlichkeitsrechte der Diskursteilnehmenden geschützt werden, ohne zugleich die Meinungsfreiheit der anderen zu weit einzuschränken?

Hassrede und ihre rechtliche Einordnung

Hassrede (*Hate Speech*) ist kein eigenständiger Straftatbestand, sondern eher eine lose Umschreibung verschiedener Formen menschlicher Äußerungen, mit denen andere aufgrund von bestimmten (zugeschriebenen) Identitätsmerkmalen abgewertet, diffamiert oder bedroht werden.[2] Neben dem gesprochenen und geschriebenen Wort können damit auch Gesang oder bildliche Darstellungen gemeint sein. Die vergröbernde Bezeichnung solcher Verhaltensweisen als Hassrede birgt eine gewisse Gefahr, dass die mitunter feinen Grenzlinien zwischen verfassungsrechtlich verbürgter Meinungsfreiheit und strafbarem Handeln aus dem Blick geraten. Zudem droht übersehen zu werden, dass sich die strafbewehrten Formen von Hassrede hinsichtlich ihrer Tatschwere und Tatfolgen erheblich unterscheiden. Eine differenziertere rechtliche Betrachtung ist daher hilfreich.

Art. 5 Abs. 1 GG gibt jedem das Recht, seine Meinung in Wort, Schrift und Bild frei zu äußern und zu verbreiten. Grundrechtlich geschützt sind insbesondere Werturteile, also Äußerungen, die durch ein Element der Stellungnahme, des Dafürhaltens oder der Beurteilung gekennzeichnet sind.[3] Dies gilt auch dann, wenn Kritik überzogen, polemisch oder verletzend formuliert ist.[4] Um Offenheit und Vielfalt des Meinungsspektrums zu garantieren, müssen auch und gerade unerwünschte Themen und Ansichten vom Schutzbereich umfasst sein. Auch Tatsachenbehauptungen werden geschützt, da Tatsachen regelmäßig der Meinungsbildung zugrunde liegen. Wer allerdings erwiesen unwahre Tatsachenbehauptungen aufstellt oder bewusst Falschnachrichten (*Fake News*) in den Medien verbreitet, kann sich insoweit nicht auf dieses Grundrecht berufen.[5]

Die Gewährleistung der Meinungsfreiheit ist in einer Demokratie unverzichtbar, weil nur sie die geistige Auseinandersetzung und die Mitgestaltung gesellschaftlicher Verhältnisse ermöglicht. Damit kommt der Meinungsfreiheit eine Doppelfunktion zu: In ihrer individuell-subjektiven Funktion ist sie »unmittelbarster Ausdruck der menschlichen Persönlichkeit«, in ihrer kollektiv-demokratischen Funktion »für eine freiheitlich-demokratische Staatsordnung schlechthin konstituierend«.[6] Die Meinungsfreiheit kann allerdings durch allgemeine Gesetze eingeschränkt werden (Art. 5 Abs. 2 GG), zu denen auch die Regelungen des Strafrechts gehören. Dazu zählen die Straftatbestände der Beleidigung (§ 185 StGB), der

Üblen Nachrede (§186 StGB) und der Verleumdung (§187 StGB), der Nötigung (§240 StGB) oder der Bedrohung (§241 StGB) oder auch die öffentliche Aufforderung zu Straftaten (§111 StGB), die Belohnung und Billigung von Straftaten (§140 StGB) sowie die Volksverhetzung (§130 StGB) und die Gewaltdarstellung (§131 StGB). Während Beleidigungsdelikte, Nötigung und Bedrohung Äußerungen erfassen, die sich gegen konkrete Personen richten, können die übrigen Straftaten auch verwirklicht sein, ohne dass Interessen von Einzelpersonen beeinträchtigt werden.

Wegen der für die Demokratie grundlegenden Bedeutung der Meinungsfreiheit müssen die sie beschränkenden Gesetze ihrerseits im Lichte dieses Grundrechts gesehen und interpretiert werden.[7] Besonders schwierig wird die strafrechtliche Beurteilung von Meinungsäußerungen dadurch, dass nicht nur der jeweilige Straftatbestand, sondern auch die Äußerung selbst einer Auslegung bedarf, um entscheiden zu können, ob sie dem Anwendungsbereich des jeweiligen Strafgesetzes unterfällt. Auch hierbei ist das besondere Gewicht zu berücksichtigen, das der Meinungsfreiheit nach dem Grundgesetz zukommt. Die Abgrenzung etwa zwischen einem polemischen Debattenbeitrag und einer strafbaren Beleidigung ist daher oft eine heikle Aufgabe. Sie verlangt meistens eine abwägende Gewichtung der Meinungsfreiheit des sich Äußernden auf der einen und des Persönlichkeitsrechts des Betroffenen auf der anderen Seite. Entbehrlich ist eine solche Abwägung nur bei herabsetzenden Äußerungen, die die Menschenwürde des anderen antasten oder sich als Formalbeleidigung oder Schmähung darstellen. Eine Schmähkritik ist anzunehmen, wenn eine Äußerung keinen nachvollziehbaren Bezug mehr zu einer sachlichen Auseinandersetzung hat und nur noch die

Diffamierung der Person im Vordergrund steht.[8] Sie ist also eine Ehrverletzung um der Ehrverletzung willen ohne jeden Kontextbezug. Bei massiven Formen von Diffamierung, Herabwürdigung und Bedrohung ist die rechtliche Beurteilung daher gelegentlich klarer, als sie nach Einschätzung von Strafverfolgungsbehörden erscheint.

Hassrede in der digitalen und analogen Welt

Die Begriffe Hassrede und *Hate Speech* beziehen sich zumeist auf digitale Kommunikationsformen im Internet. Das Phänomen von sprachlichen Angriffen und verbaler Abwertung ist aber nicht neu, auch die genannten Straftatbestände erfassen Äußerungen weitgehend unabhängig von der Art ihrer Übermittlung. Hassrede bekommt allerdings durch die massenhafte und schnelle Verbreitung über digitale Kanäle eine bislang ungekannte Dimension.

Dass politische und gesellschaftliche Auseinandersetzungen zunehmend harscher ausgetragen werden, ist daher sicherlich zum Teil auf die Mediatisierung der Kommunikation durch die sozialen Medien zurückzuführen. Deren Funktionsweise ist darauf ausgerichtet, unsere Aufmerksamkeit zu erregen und so lange wie möglich zu binden. Die verwendeten Algorithmen drehen die Spirale von öffentlicher Erregung und verbaler Eskalation gezielt weiter. Auf individueller Ebene tragen die Distanz der Kommunikationsteilnehmer sowie die Niedrigschwelligkeit und Dynamik der Beteiligung zur Enthemmung des Kommunikationsverhaltens bei. Hinzu kommen Möglichkeiten gezielter massenhafter Einflussnahme über zielgruppenorientierte Kommunikationsstrategien (Mi-

crotargeting), professionalisierte Internet-Trolle oder den Einsatz von *Social Bots*. Alles dies macht die sozialen Medien für populistische und demokratiefeindliche Kräfte interessant, die durch gezielte Provokationen und Falschinformationen die gesellschaftliche Spaltung vorantreiben und nicht zuletzt Wahlen beeinflussen wollen.

Eine Enthemmung der Sprache und die Herabwürdigung von Vertreterinnen anderer Positionen zeigen sich auch außerhalb des Netzes. Krisenhafte Ereignisse wie die Aufnahme Geflüchteter in den Jahren 2015/16 oder die Bewältigung der derzeitigen Corona-Pandemie werden gezielt zur Verunsicherung der Bevölkerung und zur Polarisierung von Standpunkten instrumentalisiert. Bei den Demonstrationen selbst ernannter »Querdenker« werden die Grenzen zulässiger und grundrechtlich geschützter Kritik etwa an Akteuren der Regierung oder der Wissenschaft regelmäßig klar überschritten. Mit der AfD ist außerdem eine Partei in den Bundestag und die Landtage eingezogen, deren Mitglieder durch bewusste Grenzüberschreitungen einen gesellschaftlichen Klimawandel herbeizuführen versuchen.

Ein Beispiel von (zu) vielen

Es ist ein verbreitetes Handlungsmuster unter Mitgliedern rechtspopulistischer Parteien und Bewegungen, in öffentlichen Äußerungen Tabus zu brechen, um Aufmerksamkeit und Empörung zu provozieren, später die eigenen Aussagen zu relativieren und sich selbst zum Opfer vermeintlich überzogener politischer Korrektheit zu stilisieren. Ein Beispiel dafür hat der AfD-Spitzenkandidat und heutige Fraktionsvorsitzende Alexander Gauland kurz vor der Bundestagswahl 2017 in einer Wahlkampfrede gegeben. Darin griff er die SPD-Bundestagsabgeordnete und damalige Beauftragte der Bundesregierung für Migration, Integration und Flüchtlinge, Aydan Özoğuz, scharf an, die sich zuvor kritisch über das Konzept einer deutschen »Leitkultur« geäußert hatte. Wörtlich sagte er: »Das sagt eine Deutsch-Türkin. Ladet sie mal ins Eichsfeld ein und sagt ihr dann, was spezifisch deutsche Kultur ist. Danach kommt sie hier nie wieder her, und wir werden sie dann auch, Gott sei Dank, in Anatolien entsorgen können.«[9] Das Publikum einschließlich der auf dem Podium sitzenden Mitglieder des Vorstands der AfD quittierte die Aussage mit Beifall und Jubelrufen. Nachdem in den Medien über seine Äußerungen berichtet worden war, erklärte Gauland: »Ich hätte das Wort ›Entsorgen‹ nicht verwenden sollen. Inhaltlich stehe ich aber zu meiner Aussage. Frau Özoğuz hat weder etwas in der Bundesregierung verloren noch in Deutschland.«[10] Die eigentlichen Opfer sieht Gauland in seiner Partei: »Ich kann die ganze Aufregung um meine Aussagen überhaupt nicht verstehen: Meine Kollegin Alice Weidel muss sich als ›Nazi-Schlampe‹ bezeichnen lassen, und da protestiert niemand. Diejenigen, die nun eine ›Verrohung‹ der politischen Sitten beklagen, sollten das lieber mal tun, wenn unsere Wahlkämpfer angegriffen und unsere Plakate zerstört werden.«[11] Bei seiner Anspielung auf ein Zitat aus der Satiresendung extra3 lässt Gauland bewusst außer Acht, dass sich dieses ersichtlich satirisch mit der Ankündigung von Alice Weidel auseinandersetzte, die »politische Korrektheit [...] auf den Müllhaufen der Geschichte« werfen zu wollen.

Aufgrund diverser Strafanzeigen leitete die Staatsanwaltschaft Mühlhausen ein Strafverfahren gegen Gauland wegen

Volksverhetzung gem. § 130 Abs. 1 Nr. 1 und 2 StGB ein. Danach macht sich unter anderem strafbar, wer in einer Weise, die geeignet ist, den öffentlichen Frieden zu stören, gegen eine durch ihre ethnische Herkunft bestimmte Gruppe oder Einzelne wegen ihrer Zugehörigkeit zu dieser Gruppe zum Hass aufstachelt, zu Gewalt- oder Willkürmaßnahmen auffordert (Nr. 1) oder die Menschenwürde anderer dadurch angreift, dass er diese Gruppe oder einen Einzelnen wegen seiner Zugehörigkeit zu dieser Gruppe beschimpft, böswillig verächtlich macht oder verleumdet (Nr. 2).

Das Verfahren wurde allerdings eingestellt, weil die zuständige Staatsanwaltschaft keinen hinreichenden Tatverdacht erkennen konnte. Zur Begründung führte sie aus, die Äußerung sei in den Kontext des Bundestagswahlkampfs zu stellen und in ihrem Bedeutungsgehalt entsprechend zu interpretieren. Die Rechtsprechung des Bundesverfassungsgerichts gebe vor, unter mehreren Deutungsmöglichkeiten die für die Grundrechtsausübung des Beschuldigten günstigste zu wählen. Gauland habe mit seiner Aussage auf eine Äußerung von Özoğuz reagiert, wonach eine spezifisch deutsche Kultur jenseits der Sprache nicht auszumachen sei. Es müsse daher davon ausgegangen werden, dass sich Gaulands Äußerung nicht gegen die Person der Integrationsbeauftragten, sondern gegen die von ihr vertretene Position gerichtet habe. Es handele sich somit um »einen Beitrag zur geistigen Meinungsbildung in einer die Öffentlichkeit wesentlich berührenden Frage«.[12] Bei der Abwägung zwischen den betroffenen Interessen ist die Staatsanwaltschaft daher zu dem Ergebnis gekommen, dass Gaulands Äußerung von der Meinungsfreiheit gedeckt und damit nicht strafbar sei.

Die Staatsanwaltschaft hat allerdings den von ihr angemahnten Auslegungsprozess selbst nur unvollständig vollzogen. Sie hat allein vom Anlass der fraglichen Äußerung Gaulands auf deren Inhalt geschlossen.[13] In der Sache ist Gauland auf die von Özoğuz formulierte These gar nicht eingegangen. Vielmehr hat er sie in der ihr zugeschriebenen Eigenschaft als »Deutsch-Türkin« und damit sowohl aufgrund ihrer Zugehörigkeit zu einer ethnisch konstruierten Gruppe als auch als deren Repräsentantin im Sinne des § 130 Abs. 1 Nr. 1 StGB angesprochen. Der Aufruf an das Publikum enthält deutliche Hinweise auf Gewalthandlungen. Selbst in der – eher fernliegenden – harmloseren Deutung der Umschreibung »in Anatolien entsorgen« im Sinne eines Abschiebens in ein anderes Land läge darin die nach Art. 16 Abs. 1 GG unzulässige Ausbürgerung der deutschen Staatsangehörigen und damit eine Willkürmaßnahme im Sinne des Tatbestands. Zugleich behauptet Gauland mit seinen Äußerungen eine angeblich ethnisch bedingte Minderwertigkeit der Betroffenen, womit er ihre Menschenwürde im Sinne des § 130 Abs. 1 Nr. 2 StGB angreift. In beiden Varianten der Tatbestandsverwirklichung ist das Verhalten Gaulands geeignet, den öffentlichen Frieden zu stören. Dass die Staatsanwaltschaft Mühlhausen das Strafverfahren gegen Gauland eingestellt hat, überzeugt daher weder im Ergebnis noch in der Begründung.

Versäumnisse der Strafverfolgung

Dieses Beispiel steht stellvertretend für weitere Fälle, in denen Behörden oder Gerichte unter formelhafter Bezugnahme auf die Rechtsprechung des Bundesverfassungsgerichts rassistische Diffamierungen oder auch sexistische Herabwürdi-

gungen in legitime Debattenbeiträge umdeuten.[14] Im Bereich
der Strafverfolgung bringt das – vor allem in den sozialen
Medien – massenhafte Aufkommen potenziell strafbarer Äußerungen die ohnehin ausgelasteten Organe der Strafrechtspflege nicht selten an Kapazitätsgrenzen. Schon deshalb mag
manch einer Staatsanwältin die Verneinung eines hinreichenden Tatverdachts (§ 170 Abs. 2 StPO) zur Verfahrenserledigung
attraktiv erscheinen. Es ist allerdings ein Missverständnis anzunehmen, die Vorgabe, Äußerungen grundrechtschonend
und für den Träger der Meinungsfreiheit günstig auszulegen,
verlange, jede fernliegende, womöglich sinnentstellende
Deutung in Betracht zu ziehen, nur um sie dem Anwendungsbereich des Kommunikationsstrafrechts zu entheben.

Daher ist es erfreulich, dass das Bundesverfassungsgericht
der bei Ehrverletzungsdelikten erforderlichen Abwägung
zwischen Meinungsfreiheit einerseits und Persönlichkeitsrecht andererseits jüngst in mehreren parallelen Beschlüssen
klarere Konturen gegeben hat.[15] Danach muss in einem ersten
Schritt der Sinngehalt der infrage stehenden Äußerung unter
Berücksichtigung ihres Kontextes sorgfältig ermittelt werden.
In einem weiteren Schritt ist eine Abwägung zwischen Ehrschutz und Meinungsfreiheit vorzunehmen. Dieser Vorgang
entfällt – wie schon erwähnt – nur in eindeutigen Fällen, unter anderem dann, wenn die Äußerung die Menschenwürde
eines anderen verletzt. Dann tritt die Meinungsfreiheit hinter
den Ehrschutz zurück, ohne dass es einer Einzelfallabwägung
bedarf. In Fällen, in denen andere Menschen oder Gruppen
metaphorisch zu »Abfall« degradiert und »entsorgt« werden
sollen, liegt eine solche Beurteilung nahe, muss aber sorgfältig
geprüft und begründet werden. Nur weil ein solcher Ausnah-
mefall nicht vorliegt, begründet dies keinen automatischen

Vorrang der Meinungsfreiheit gegenüber dem Persönlichkeitsrecht.[16] Vielmehr ist dann eine grundrechtlich angeleitete, ergebnisoffene Abwägung im Einzelfall vorzunehmen. Deren Leitlinien hat das Bundesverfassungsgericht noch einmal klar benannt:[17] Das Gewicht der Meinungsfreiheit ist dabei umso höher anzusetzen, je mehr die Äußerung darauf zielt, zur öffentlichen Meinungsbildung beizutragen, und umso geringer, je mehr es sich um reine Stimmungsmache gegen einzelne Personen handelt. Als besonders schutzbedürftig wird die Möglichkeit zur Machtkritik hervorgehoben, die auch Kritik am Handeln der einzelnen Amtsträger und Politikerinnen einschließt. Zugleich wird klargestellt, dass dies keinesfalls jede auf die Person abzielende Diffamierung erlaubt. Je nach Position und in Anspruch genommener öffentlicher Aufmerksamkeit kann die Härte der hinzunehmenden Äußerungen variieren: »Einem Bundesminister gegenüber können insoweit härtere Äußerungen zuzumuten sein als etwa einem Lokalpolitiker.«[18] Bei der Auslegung sind außerdem die Begleitumstände zu berücksichtigen, also etwa ob es sich um eine spontane oder mit Vorbedacht gewählte Ausdrucksweise handelt oder ob es einen konkreten und nachvollziehbaren Anlass gibt. Besondere Bedeutung kommt auch dem gewählten Medium und dem Verbreitungsgrad der Äußerung zu; so ist die ehrbeeinträchtigende Wirkung eines zwischen zwei Personen geäußerten flüchtigen Wortes deutlich geringer als die eines massenhaft in sozialen Netzwerken reproduzierten Posts.

Auch wenn nun nochmals höchstrichterlich klargestellt ist, dass sich die Strafverfolgungsorgane einer sorgfältigen Beurteilung der Strafbarkeit ehrverletzender Äußerungen nicht durch floskelhafte Verweise auf die Bedeutung der Meinungsfreiheit entziehen können, bleiben die Vollzugsprobleme in

der Praxis bestehen. Angesichts der Masse von ähnlich ge-
lagerten Fällen – vor allem in den sozialen Netzwerken – ist
eine förmliche Strafverfolgung schon aus Kapazitätsgründen
kaum zu leisten. Hinzu kommt, dass es sich bei den Äuße-
rungsdelikten um Straftaten mit vergleichsweise geringen
Strafrahmen handelt, sodass auch bei Bejahung des hinreichenden Tatverdachts eine Einstellung wegen Geringfügig-
keit (§§ 153, 153a StPO) eher die Regel als die Ausnahme sein
dürfte.

Gesetzgeberische Aktivitäten

Allenfalls auf den ersten Blick mag es naheliegen, dem Verfolgungsdefizit mit einer Verschärfung des materiellen Strafrechts beikommen zu wollen. Diesen Weg hat der Gesetzgeber
mit der Verabschiedung eines Gesetzes gegen Rechtsextremismus und Hasskriminalität beschritten, das nach einigem
Hin und Her am 3. April 2021 in Kraft getreten ist.[19] Damit
wurden unter anderem die Straftatbestände § 241 StGB (Bedrohung), § 185 StGB (Beleidigung), § 188 StGB (Beleidigung,
üble Nachrede und Verleumdung gegen Personen des politischen Lebens), § 140 StGB (Belohnung und Billigung von
Straftaten) und § 126 StGB (Störung des öffentlichen Friedens
durch Androhung von Straftaten) erweitert beziehungsweise
verschärft. Der vorschnelle Griff nach dem Strafrecht führt
aber nicht selten zu erheblichen systematischen Verwerfungen.[20] Nur ein Beispiel: Indem § 241 StGB eine Bedrohung
nicht mehr nur mit einem Verbrechen (wie etwa Mord oder
Totschlag), sondern auch mit einer rechtswidrigen Tat gegen
die persönliche Freiheit erfasst, ist fortan auch die Bedrohung

mit einer Bedrohung bei Strafe verboten. Eine unüberlegte Ausweitung strafbarer Kommunikationsformen birgt ganz allgemein die Gefahr, dass Bürgerinnen und Bürger ihre Meinungsfreiheit aus Angst vor staatlichen Sanktionen nicht mehr gebrauchen. Diese als *Chilling Effect* bekannte Form der Selbstzensur kann sich schon dann einstellen, wenn aufgrund intransparenter und unübersichtlicher Strafvorschriften nicht mehr erkennbar ist, wo die Grenze zwischen erlaubter Meinungsäußerung und strafbarem Verhalten verläuft. Nicht zuletzt hat die Ausweitung der Strafbarkeit den Haken, dass die dem Verfolgungsdefizit zugrunde liegenden Kapazitätsprobleme nicht behoben, sondern sogar verschärft werden. Denn je weiter der Kreis strafbarer Verhaltensweisen gezogen wird, desto größer sind das Arbeitsaufkommen bei den Strafverfolgungsbehörden und damit auch die Selektivität der Strafverfolgung. Ohnehin hat sich der Gesetzgeber im Umgang mit dem Strafrecht in den letzten Jahren recht einfallslos gezeigt, indem er den Bereich des Strafbaren stetig erweiterte und die vorgesehenen Strafandrohungen ausnahmslos erhöhte – wenn man von der Ausnahme absieht, dass nach dem Fall »Böhmermann« der Straftatbestand der »Majestätsbeleidigung« gem. § 103 StGB abgeschafft wurde. Überlegungen dazu, ob das Strafrecht auch zu einer Entschärfung des Tonfalls in öffentlichen Debatten beitragen kann – etwa indem ähnlich wie bei Tätiger Reue eine nachträgliche Richtigstellung oder Entschuldigung als Strafmilderungs- beziehungsweise Strafaufhebungsgrund gesetzlich geregelt wird –, werden kaum angestellt.[21] Stattdessen bietet das Strafrecht geradezu einen Anreiz, sich gegenseitig zu beleidigen, weil wechselseitige Beleidigungen nach § 199 StGB zu Straffreiheit führen können.

Außerstrafrechtliche Instrumente

Dem Phänomen der Hassrede im Internet soll aber nicht nur mit verschärften Strafgesetzen entgegengetreten werden. Schon im Jahr 2017 ist das Netzwerkdurchsetzungsgesetz (NetzDG) in Kraft getreten,[22] das die Betreiber von sozialen Netzwerken wie Facebook, YouTube, Twitter, Instagram und TikTok in die Pflicht nimmt. Sie müssen seither ein Beschwerdemanagementsystem bereitstellen, mit dem möglicherweise rechtswidrige Inhalte gemeldet werden können (§ 3 NetzDG). Offensichtlich rechtswidrige Inhalte müssen innerhalb von 24 Stunden gelöscht oder gesperrt werden, bei schwieriger zu beurteilenden Fällen gilt in der Regel eine Sieben-Tages-Frist zur Prüfung. Zu den rechtswidrigen Inhalten zählen solche, die unter die gängigen Tatbestände des Kommunikationsstrafrechts fallen (aufgelistet in § 1 Abs. 3 NetzDG). Zusätzlich sind die Netzwerkbetreiber verpflichtet, einen Rechenschaftsbericht über den Umgang mit den Beschwerden zu erstellen.

Mit dem Gesetz zur Bekämpfung des Rechtsextremismus und der Hasskriminalität[23] wurden auch am Netzwerkdurchsetzungsgesetz Änderungen vorgenommen. So müssen die Netzwerkbetreiber strafbare Postings künftig nicht mehr nur löschen oder sperren, sondern in bestimmten schweren Fällen auch dem Bundeskriminalamt melden. Bei aller berechtigten Kritik an Ausgestaltung und Umfang des staatlichen Datenzugriffs[24] ist dieser Schritt doch richtig. Um dem Bundeskriminalamt als der neuen Zentralstelle, den Staatsanwaltschaften und den Netzwerkbetreibern ausreichend Vorbereitungszeit zu geben, wird diese Meldepflicht erst ab dem 1. Februar 2022 in Kraft treten. In dieser Zeit müssen die Organe der Strafverfolgung dringend mit ausreichend Personal und technischen Ressourcen ausgestattet werden, um in den gemeldeten Fällen – geschätzt 250 000 Meldungen im Jahr[25] – ermitteln, verfolgen und gegebenenfalls sanktionieren zu können. Beleidigung, üble Nachrede und Verleumdung wurden nicht in die Meldepflicht aufgenommen, weil die Abgrenzung zwischen grundrechtlich geschützter Meinungsäußerung und verbotener Ehrverletzung im Einzelfall als zu schwierig erschien. Netzwerkbetreiber sind allerdings künftig verpflichtet, Informationen darüber bereitzustellen, wie und wo User in diesen Fällen Strafanzeige beziehungsweise Strafantrag stellen können. Außerdem ist vorgesehen, dass von Bedrohungen, Beleidigungen und unbefugten Nachstellungen Betroffene leichter eine Auskunftssperre im Melderegister eintragen lassen können (§ 51 Bundesmeldegesetz). Auf diese Weise sind sie besser vor der Weitergabe ihrer Adressen geschützt.

Was zu tun bleibt

Hassrede ist eine Gefahr für den demokratischen Diskurs. Ihr muss der Rechtsstaat effektiv begegnen. Schon die bisherige Rechtslage erlaubte eine weitgehende strafrechtliche Verfolgung von rassistischen Diffamierungen, sexistischen Anfeindungen und menschenverachtenden Vernichtungsfantasien. Anstatt die Straftatbestände immer weiter auszudehnen und zu verschärfen, sollte das geltende Strafrecht konsequent angewendet werden. Dabei ist die für die Demokratie grundlegende Bedeutung der Meinungsfreiheit zu berücksichtigen, ihr ist aber nicht vorschnell der Vorrang vor dem Persönlichkeitsrecht einzuräumen. Eine effektive Strafverfolgung setzt die erforderlichen Personalkapazitäten und technischen Ressourcen voraus. Eine flächendeckende und lückenlose Aufklärung und Verfolgung von *Hate Speech* sind allerdings – hier wie auch in allen anderen Deliktsbereichen – eine Illusion. Wichtig sind vielmehr regelhafte Abläufe und sachgerechte wie transparente Erwägungen im Fall von Verfahrenseinstellungen. Angemessen mit Personal auszustatten sind auch die Strafgerichte, deren Unterbesetzung immer wieder zu Verfahrensverzögerungen führt, die das Vertrauen in die Strafrechtspflege erschüttern. Zuletzt war dies in dem Strafverfahren gegen drei Mitglieder der rechtsextremen Hooligan-Gruppierung »Faust des Ostens« zu beobachten, in dem die verhängten Strafen aufgrund der überlastungsbedingten Verzögerung bei Gericht deutlich milder ausgefallen sind. Im Übrigen ist es für die Glaubwürdigkeit der Strafverfolgungsbehörden wichtig, Verbindungen zu rechten Netzwerken lückenlos aufzuklären. Dazu könnten auch unabhängige Studien zu Ausmaß und Ursachen von rechtsextremen Einstellungen innerhalb von Sicherheitsbehörden einen wichtigen Beitrag leisten. Anders als aus den Reihen der Polizei immer wieder zu vernehmen ist, würde auch die Einrichtung einer bundesweiten unabhängigen Beschwerdestelle in Fällen polizeilichen Fehlverhaltens das Vertrauen der Bevölkerung nicht untergraben, sondern vielmehr stärken. Unabhängig von Instrumenten der Strafverfolgung müssen präventive Möglichkeiten zum Schutz von Betroffenen angewendet und gegebenenfalls erweitert werden.

Zuletzt sei noch auf die Möglichkeiten des Versammlungsrechts hingewiesen. Gerade im Zusammenhang mit Demonstrationen gegen Maßnahmen zur Eindämmung der COVID-19-Pandemie ist es immer wieder zu – auch strafrechtlich relevanten – verbalen Angriffen auf Politikerinnen oder Wissenschaftler gekommen. Medienvertreter und Journalistinnen, die vor Ort über die Corona-Proteste berichten, sind in zunehmendem Maß nicht nur Anfeindungen und Beleidigungen, sondern auch gewaltsamen Übergriffen ausgesetzt.[26] Nun ist der Protest gegen staatliche Maßnahmen ein Kernelement freiheitlicher und demokratischer Ordnungen. In Versammlungen findet die Kundgabe von Meinungen eine spezifische Ausdrucksform. Die Versammlungsfreiheit (Art. 8 GG) ist daher ebenso wie die Meinungsfreiheit grundrechtlich verbürgt. Präventive Verbote von Demonstrationen sind deshalb nur in sehr wenigen Ausnahmefällen verfassungsrechtlich zulässig. Stattdessen ist vor allem die Zivilgesellschaft gefordert, demokratiefeindlichen Aufmärschen entgegenzutreten und für die Werte einer offenen und pluralen Gesellschaft einzustehen. Allerdings sind auch die Staatsorgane nicht wehrlos. Möglichen Rechtsverstößen kann nach § 15 VersG im Vorfeld mit konkreten Auflagen begegnet werden. Werden bei Demonstrationen erhebliche Straftaten begangen, kommt der Ausschluss der betreffenden Teilnehmer oder als letztes Mittel auch die Auflösung der Versammlung in Betracht.

Wie Hass und Hetze die
Meinungsfreiheit bedrohen

von Karolin Schwarz

»Das Internet ist kein rechtsfreier Raum.« Dieser Satz ist zu einer Art geflügeltem Wort des digitalen Zeitalters geworden. Eine Suchmaschinensuche fördert Zehntausende Ergebnisse für unterschiedliche Varianten dieses Satzes zutage sowie zahlreiche Politiker*innen, Journalist*innen und Aktivist*innen, die ihn irgendwann einmal ausgesprochen haben. Wenn jemand vom Internet als nicht rechtsfreiem Raum spricht, geht es inzwischen meistens um Hass und Hetze in allen möglichen Ausprägungen. Und so löblich das Anliegen dahinter – die Forderung nach einer Ahndung justiziablen Hasses – ist, so abgenutzt klingt er nach all den Jahren. Immerhin sagte schon ein Sprecher des bayerischen Justizministeriums im Hinblick auf illegale Inhalte und Rechtsextremismus im Netz, Datenautobahnen könnten kein rechtsfreier Raum sein.[1] Das war 1996. Klar ist: Gesetze gelten auch online. Konsequenzen gibt es aber nur für eine Minderheit derer, die das Internet für entmenschlichende Beleidigungen und Drohungen nutzen. Im Zeitalter der sozialen Netzwerke veröffentlichen viele Nutzer*innen justiziablen Hass auf ihren eigenen oder fremden Kanälen.

In Deutschland wurden in den vergangenen Jahren zahlreiche Fälle mal mehr, mal weniger organisierten Hasses besprochen. Der entmenschlichende Hass gegen Politiker*innen wie Walter Lübcke und Henriette Reker, die Morddrohungen des selbst ernannten NSU 2.0 und zahlreiche antifeministische, rassistische, antisemitische, muslimfeindliche und ableistische Angriffe auf Aktivist*innen, Journalist*innen und Personen, die eigentlich gar nicht in der Öffentlichkeit standen, bevor sie von einem mehr oder weniger anonymen Mob im Internet zum Feind erklärt wurden. All diese Fälle markieren die Enthemmung vieler. Auch die Pandemiejahre 2020 und 2021 zeugen nicht von einer Besserung. Ärzt*innen, Virolog*innen, Krankenpfleger*innen und alle möglichen Menschen mit Ahnung, die sich öffentlich äußerten, wurden bedroht von denen, die die Pandemie verharmlosen oder gänzlich leugnen. So trat beispielsweise der SPD-Gesundheitspolitiker und Mediziner Karl Lauterbach auf Anraten der Polizei Anfang 2021 seinen Dienst als Impfarzt in Leverkusen nicht an. Im Vorfeld waren Proteste angekündigt worden.[2] Die Wissenschaftlerin und Journalistin Mai Thi Nguyen-Kim musste wegen massiver Drohungen von Sicherheitsleuten geschützt werden.[3]

Inzwischen gibt es einige Erhebungen, die das Ausmaß des Problems erahnen lassen. Eine Studie des Instituts für Demokratie und Zivilgesellschaft (IDZ) zeigt,[4] dass vor allem jüngere Menschen von Hass im Netz betroffen sind. Unter den Befragten im Alter von 18 bis 24 Jahren gaben 17 Prozent an, persönliche Erfahrungen mit Hasskommentaren gemacht zu haben. Bei den 25- bis 44-Jährigen lag der Anteil bei zwölf Prozent, bei 45- bis 59-Jährigen bei sechs Prozent und bei Befragten über 60 bei drei Prozent. Deutliche Unterschiede zeigten sich außerdem bei Menschen mit Migrationshintergrund, von denen 14 Prozent von Angriffen berichteten. Dem gegenüber standen sechs Prozent der Menschen ohne Migrationshintergrund, die angegriffen wurden. Die Erhebung zeigt zusätzlich die vielen Folgen für Betroffene: Sie litten zum Beispiel unter emotionalem Stress, Angst, Depressionen, körperlichen Beschwerden oder Problemen im privaten sowie beruflichen Umfeld. Die Studie zeigt: Hass betrifft bei Weitem nicht nur Personen des öffentlichen Lebens, sondern das Problem ist viel weitreichender.

Einige Untersuchungen befassen sich gesondert mit Angriffen auf Politiker*innen. So zeigte eine Umfrage der Interparlamentarischen Union im Jahr 2018, dass 58,2 Prozent der befragten EU-Parlamentarierinnen im Netz abwertende oder sexualisierte Bilder oder Kommentare beobachtet hatten.[5] Außerdem berichtete fast die Hälfte, sie sei mit Gewalt oder Vergewaltigungen oder dem Tod bedroht worden. Auch Kommunalpolitiker*innen sind betroffen. Während der Corona-Pandemie war sogar eine Zunahme von Angriffen zu verzeichnen.[6] In einer Umfrage unter Bürgermeister*innen gaben 72 Prozent an, beleidigt, beschimpft, bedroht oder tätlich angegriffen worden zu sein, und 39 Prozent berichteten von Hass und Drohungen in sozialen Medien oder per Mail.

Die Konsequenzen sind drastisch. Mehrere Erhebungen zeigen, dass der grassierende Hass und digitale Gewalt zum Rückzug Betroffener aus der Öffentlichkeit führen. Betroffene löschen ihre Konten in sozialen Netzwerken oder äußern sich weniger oder gar nicht mehr zu ihrer politischen Einstellung. Das betrifft darüber hinaus auch Menschen, die nicht selbst betroffen sind, sondern Hasskommentare im Netz wahrnehmen.[7] Die Meinungsfreiheit wird durch diskriminierende Angriffe, Beleidigungen und Drohungen eingeschränkt. Die Attacken gehen auch so weit, dass Angegriffene gedoxt, also private Daten wie Adresse und Telefonnummer verbreitet werden. Diese Veröffentlichung von Daten ist in der Regel als Drohgebärde zu verstehen, die den Betroffenen das Gefühl von Sicherheit in ihren vier Wänden rauben soll. Oftmals werden die Privatadresse dann noch für Drohschreiben und die Telefonnummer für Drohanrufe genutzt, manchen Betroffenen bleibt nur ein Umzug als letztes Mittel.[8]

Wie Hass im Netz organisiert wird

Beleidigungen und Bedrohungen gehören zur ausgewiesenen Strategie einiger rechtsextremer Gruppierungen. In einer Serie anonymer Blogposts, die vor der Bundestagswahl 2017 in entsprechenden Kreisen zirkulierten, wurden junge Frauen als »klassische Opfer« bezeichnet und Beleidigungen auch gegenüber der Familie angeregt. Der rechtsextreme Aktivist Martin Sellner verlinkte das Dokument zeitweise auf seiner Website.[9] Unter den Aktivisten der »Reconquista Germanica« wurde die Anleitung ebenfalls verbreitet. Die Aktivisten versammelten sich vor der Bundestagswahl 2017 auf der Chat- und Voicechat-Plattform Discord, um von dort aus Angriffe auf politische Gegner sowie Desinformationskampagnen zu koordinieren. Unter ihnen waren Aktivisten der »Identitären Bewegung« sowie rechtsradikale YouTuber. Darüber hinaus betrachten einige einschlägige Online-Aktivisten Doxing als eine Art Sport. Es gibt mehrere Websites, die der Speicherung und Verbreitung privater Daten gewidmet sind.

Digitale Gewalt kann auf eine Äußerung in sozialen Medien oder in einem Interview hin erfolgen. Einige Angriffe dauern über Tage an, andere mehrere Jahre. Einige Journalist*innen,

Aktivist*innen oder Politiker*innen werden ununterbrochen beleidigt und bedroht, fast jede öffentliche Äußerung auf den Kanälen rechter Aktivisten oder in Gruppen auf unterschiedlichen Plattformen verbreitet und auch verlinkt, damit Rezipient*innen Kommentare hinterlassen. Auf diese Weise dirigieren Einzelne, gegen wen sich Hass und Hetze richten. Solche Postings sind häufig als implizite Aufrufe zu Angriffen zu verstehen, es gibt aber auch reichlich explizite Aufforderungen. Etwa wenn Feindeslisten in Telegram-Gruppen verbreitet werden oder der Antisemit und Verschwörungsideologe Attila Hildmann zum »Daumen-Runter-Blitzkrieg« bei YouTube-Videos aufruft, die ihm missfallen. Die Plattformen nehmen dabei unterschiedliche Rollen ein: In geschlossenen Räumen, wie Telegram-Chats, Discord oder auch Gruppen und Nachrichtengruppen auf Facebook und Twitter, werden Angriffe koordiniert, die dann häufig auf Plattformen erfolgen, die einen großen Teil der Gesamtgesellschaft erreichen. Dazu gehören Facebook, YouTube und Twitter. Insbesondere die großen Netzwerke haben in der Vergangenheit immer wieder einschlägige Akteure – wie die Identitäre Bewegung – oder Verschwörungsideologien – wie QAnon – und nicht zuletzt den früheren US-Präsidenten verbannt. Entfernt werden neben justiziablen Inhalten auch solche, die gegen die jeweiligen Gemeinschaftsregeln verstoßen.

Hass und Hetze sind längst auch zu einem Geschäftsmodell geworden. Etwa durch die Verbreitung von Falschmeldungen oder negativ emotionalisierenden Inhalten auf Webseiten, die Werbeeinnahmen generieren, durch die Monetarisierung von Videos auf YouTube oder durch Merchandise für besonders leidenschaftlich Hassende. Der Neonazi Sven Liebich hat in der Vergangenheit beispielsweise gefälschte Zitate verschiedener Politiker*innen verbreitet.[10] Liebich ist aber auch Unternehmer und vertreibt in einem Online-Shop T-Shirts und Aufkleber, die Muslime, Geflüchtete und schwarze Menschen im Allgemeinen und auch Einzelpersonen wie Angela Merkel, Jens Spahn, Greta Thunberg und weitere abwerten und teilweise Gewalt gutheißen. Geeignete Maßnahmen gegen den Hass müssen sich entsprechend auch den unterschiedlichen Motiven widmen.

Die fortwährende Präsenz dehumanisierender Inhalte im Internet hat in den vergangenen Jahren zudem Terroristen in ihrem Vorhaben bestärkt – etwa durch Hass und Gewaltfantasien gegenüber Walter Lübcke oder antisemitische, rassistische, antifeministische und verschwörungsideologische Inhalte, die die Terroristen von Halle und Hanau aus dem Netz bezogen. Immer wieder wird im Netz zu Gewalt und Anschlägen aufgerufen, und die Propaganda der Täter, ihre Videos und Schriften, kursiert weiterhin auf Plattformen wie Telegram oder verschiedenen Imageboards.

Was der Staat gegen illegale Hassrede unternimmt

Inzwischen wurden einige Maßnahmen ergriffen, die speziell auf justiziable Hassrede im Internet ausgerichtet sind. Um das Ausmaß quantifizieren und einordnen zu können, wurde das Tatmittel Hassposting im Jahr 2019 in die Statistik zur politisch motivierten Kriminalität (PMK) in Deutschland aufgenommen. Im Jahr 2020 registrierte das Bundeskriminalamt insgesamt 2607 Straftaten dieser Art, von denen der überwiegende Anteil von 1617 Posts Rechten zuzuordnen war und weitere 201 Linken, 29 ausländischer Ideologie und 44 religiöser

Ideologie. Weitere 716 Postings wurden nicht zugeordnet.[11] Gegenüber dem Jahr 2019 stieg die Zahl der erfassten Hasspostings um 71,06 Prozent, dies ist dennoch kein realistisches Abbild des Problems. Die ehrenamtliche Initiative »Hassmelden« prüft Inhalte, die von Internetnutzer*innen gemeldet werden, und bringt sie nach einer Prüfung auf mögliche strafrechtliche Relevanz zur Anzeige, Letzteres geschieht nach eigenen Angaben von »Hassmelden« durchschnittlich alle zehn Minuten. Hinzu kommen ungezählte Inhalte, die nicht gemeldet oder zur Anzeige gebracht werden. Das Dunkelfeld ist riesig.

Um den fachgerechten Umgang mit Hasskriminalität im Netz zu verbessern, wurden in der Vergangenheit in mehreren Bundesländern gesonderte Fachbereiche eingerichtet. Dazu gehören beispielsweise die Zentralstelle zur Bekämpfung der Internetkriminalität der Generalstaatsanwaltschaft Frankfurt am Main, die Schwerpunktstaatsanwaltschaft in Göttingen sowie Sonderdezernate mit spezialisierten Staatsanwälten in Nordrhein-Westfalen und Bayern. Für angegriffene Kommunalpolitiker*innen gibt es seit Ende April 2021 die Plattform »Stark im Amt«, die helfen soll, Risiken besser einzuschätzen und präventive Maßnahmen zu treffen. Außerdem wurden neue gesetzliche Regelungen getroffen, die die Betreiber sozialer Netzwerke in die Pflicht nehmen. Das im Oktober 2017 in Kraft getretene Netzwerkdurchsetzungsgesetz (NetzDG) regelt neben der verpflichtenden Löschung gemeldeter justiziabler Inhalte auch Transparenzpflichten, nach denen Plattformen mit mehr als zwei Millionen Nutzer*innen in Deutschland über die Moderation von Hassrede Bericht erstatten müssen. Die Netzwerke sind nun verpflichtet, gemeldete justiziable Inhalte nach 24 Stunden zu löschen. In Ausnahmefällen, wenn eine juristische Einschätzung nötig ist, gilt eine Frist von sieben Tagen. Das Gesetz ist wegen einiger Schwachstellen überarbeitet worden, die Verschärfung jedoch bis zum Frühjahr 2021 nicht in Kraft getreten. Auf EU-Ebene ist mit dem Gesetz über digitale Dienste / Digital Services Act eine weitere Neuregelung in Arbeit, die das Themenfeld aufgreift. Geplant sind auch hier Transparenzpflichten und ein verbesserter Schutz der Rechte der Internetnutzer*innen.

Was zu tun bleibt

Um die Meinungsfreiheit zu stärken und einen besseren Schutz vor ausschließendem Hass zu gewährleisten, sind verschiedene Maßnahmen nötig. Dazu gehört auch eine Sensibilisierung in Polizei und Justiz. Betroffene berichten immer wieder davon, von der Polizei nicht ernst genommen worden zu sein oder den Ratschlag erhalten zu haben, sich anders oder nicht mehr im Internet zu äußern. Solche Vorfälle können dazu führen, dass Betroffene auf Anzeigen verzichten oder sich aus der Öffentlichkeit zurückziehen.

Das Internet und digitale Plattformen sind einem ständigen Wandel unterlegen. Dazu gehört auch, dass ständig neue »Alt-Tech«-Plattformen entstehen, die sich als soziale Netzwerke häufig einer rechten Nutzer*innenschaft andienen. Viele dieser Plattformen dienen als Ersatz für Facebook, Twitter und YouTube, von denen einige der Akteur*innen, die auf Alt-Tech-Plattformen vertreten sind, verbannt wurden. Anderen dienen sie als Ausweichplattformen im Fall einer Löschung. Nicht alle, aber ein erheblicher Teil dieser Seiten und Apps ist ideologisch homogener als die Marktführer.

Entsprechend bestärkt man sich auf Telegram, Gab und Co. meist gegenseitig, ohne großen Widerspruch erwarten zu müssen. Im Verlauf der vergangenen Jahre ist außerdem Telegram zur zentralen Plattform zur Vernetzung rechtsextremer Milieus und zur Organisation von Demonstrationen sowie koordinierten Aktionen avanciert. Als Messenger ist Telegram bislang weder im Netzwerkdurchsetzungsgesetz noch im Digital Services Act mitgedacht. Dabei vergleicht Gründer Pavel Durow seine Plattform selbst mit Twitter.[12] Die Möglichkeit, einen Kanal anzulegen und Inhalte an Hunderttausende zu senden, hat wenig mit privatem Austausch zu tun. Das gilt auch für Gruppen mit Tausenden Mitgliedern, die eher einer Facebook-Gruppe gleichen als dem Familienchat auf WhatsApp. Gesetzliche Regelungen können nur so gut sein, wie sie solchen Entwicklungen gerecht werden.

In der Diskussion über neue gesetzliche Regelungen und mögliche Verschärfungen bestehender Regelungen kommen oft Ansätze zu kurz, die helfen könnten, Angegriffene besser zu schützen. Für Mitarbeitende zivilgesellschaftlicher Organisationen und Journalist*innen ist es in den Bundesländern etwa teilweise schwierig, eine Meldeauskunftssperre zu erwirken, die helfen könnte, die Privatadresse vor Angreifern zu schützen. Über die Impressumspflicht sind zudem viele Publizierende, darunter auch freie Journalist*innen, verpflichtet, eine Adresse anzugeben. In Ermangelung von Alternativen sind viele Blogbetreiber*innen gezwungen, ihre private Adresse anzugeben. Immer wieder werden die wiederum für Einschüchterungen und Bedrohungen genutzt, während Betreiber*innen von »Alternativmedien« und rechtsextremen Blogs wie PI-News anonym publizieren. An dieser Stelle gibt es dringenden Nachbesserungsbedarf. Um private Daten zu erhalten, nutzen Angreifer*innen immer wieder auch die Methode des Social Engineerings: etwa indem sie am Telefon unter Angabe falscher Identitäten private Informationen erfragen. Insbesondere in Behörden sollten dafür auf allen Ebenen ein Problembewusstsein sowie Sicherungsmechanismen geschaffen werden.

Nicht alle Beleidigungen und Bedrohungen im Netz sind justiziabel. Trotzdem können Äußerungen dieser Art Schaden anrichten und einschüchtern. Die Stärkung und ein Ausbau von Beratungsstellen für Betroffene von digitaler Gewalt sind deshalb ein wichtiger Pfeiler im Kampf gegen den Hass. Dazu gehört auch, diese Form der Gewalt auch als Gewalt zu begreifen. Allerspätestens das Pandemie-Jahr 2020 mit Homeschooling, Homevorlesung und Homeoffice sollte gezeigt haben, dass digital auch »real« ist. Auch die rechtsterroristischen Anschläge der vergangenen Jahre zeigen: Dem Angriff gehen Hass und Gewaltfantasien in digitalen Räumen voraus. Die Entmenschlichung ist ein Schritt auf dem Weg zur Gewalt – ob in der Darreichungsform als Fax oder Sprachnachricht, ist dabei unerheblich. Internetnutzer*innen können auch selbst aktiv gegen den grassierenden Hass werden, indem sie Inhalte bei den sozialen Netzwerken melden oder anzeigen. Wer sich nicht sicher ist, ob ein Post oder Kommentar gegen geltendes Recht verstößt, kann sie zum Beispiel bei der Initiative »Hassmelden« einreichen, die eine juristische Prüfung vornimmt und sie gegebenenfalls zur Anzeige bringt. Und schließlich ist auch Gegenrede eine Möglichkeit, aktiv zu werden, wenn es möglich ist. Auf diese Weise bleiben beleidigende und entmenschlichende Inhalte seltener unwidersprochen. Es darf nicht die Aufgabe der Betroffenen allein sein, sich gegen die Enthemmung zur Wehr zu setzen.

Christdemokratische Konservative müssen ein Bollwerk gegen Rechtspopulisten sein

von Paul Ziemiak

Unter Christdemokraten gibt es einen gern zitierten Satz: »Politik beginnt mit dem Betrachten der Wirklichkeit.« Er verdeutlicht eine Haltung, wie wir auf die Dinge schauen: Wir sind keine Utopisten, keine Träumer, und wir wollen auch nicht den »neuen Menschen« erschaffen. Sondern wir stellen uns den Realitäten und versuchen diese dann auf der Grundlage eines konkreten Wertekanons zum Besseren zu verändern.

Realistisch betrachtet ist unsere Demokratie stark unter Druck geraten. Vielleicht so stark wie seit dem Ende des Kalten Krieges nicht mehr. Damals dachten viele, den Siegeszug von Freiheit, Frieden, Demokratie und Wohlstand würde niemand mehr aufhalten können. Doch wir haben uns getäuscht. Heute beweist China, dass wirtschaftlicher Erfolg auch ohne Demokratie möglich ist. In den USA zeigte sich, dass auch jahrhundertealte Demokratien anfällig sein können für Populismus und Autoritarismus. Großbritannien hat sich sogar entschieden, sein Glück ohne die Europäische Union zu versuchen – ein bis dahin unvorstellbarerer Prozess, der schon beantwortet geglaubte Fragen nach transnationaler Zusammenarbeit neu stellt. Wir sehen, dass demokratische Wahlen auch starke antidemokratische Kräfte hervorbringen können.

Und wir sehen, dass Grundrechte vielerorts angegriffen und infrage gestellt werden. Mehr noch: Gerade die Feinde der Demokratie haben perfide Wege gefunden, diese Grundrechte bis aufs Äußerste zu missbrauchen und dem wehrhaften Rechtsstaat seine juristischen Grenzen aufzuzeigen.

Die Populisten profitieren dabei von den Ängsten mancher Bevölkerungsteile. Entwicklungen wie die Digitalisierung und die Globalisierung werden zu oft nicht als Chance, sondern als persönliche Bedrohung wahrgenommen. Und leider kommt dann mitunter noch ein genereller »Kulturpessimismus« (Fritz Stern) hinzu, der mit Entwicklungen« wie der Anerkennung der gleichgeschlechtlichen Ehe, Gendern oder Veganismus fremdelt. Zu viele Menschen sehen dies nicht als positive liberale Entwicklung, sondern als Bedrohung ihrer gewohnten Lebenswelt.

Die Welt scheint aus den Fugen geraten

Einige Menschen in unserem Land haben aus unterschiedlichen Gründen den Eindruck einer Welt, die aus den Fugen geraten ist. Zurück bleibt ein Gefühl der Überforderung und des Alleinseins. Gerade von den etablierten Kräften – Parteien, Gewerkschaften, Kirchen, Verbänden, Medien – fühlen sich viele Menschen mit ihren Anliegen und Sorgen im Stich gelassen. Kein Wunder also, dass in Deutschland mehr als jeder Dritte, in Ostdeutschland sogar jeder Zweite mit dem Funktionieren der Demokratie unzufrieden ist (ARD-Deutschlandtrend 10/2020). Und Millionen Menschen haben ihren Frust – neben anderen Gründen – bei den vergangenen Wahlen durch die Wahl der AfD geäußert. Mittlerweile ist diese Partei leider ein fester Bestandteil in der deutschen Parteienlandschaft und wird es trotz aller Nazi- und Parteispenden-Skandale, Machtkämpfe und ihres oft abstoßenden Verhaltens wohl auch noch länger bleiben. Und auch wenn wir alle es uns anders wünschen: Kein lustiger Spruch auf Twitter und auch keine noch so vehement vorgetragene Kritik wird die AfD schnell zum Verschwinden bringen. Das Gleiche gilt übrigens auch für den verständlichen Wunsch, irgendein Beschluss oder irgendeine Forderung würde das übernehmen. Wenn die Ursachen für die Krise der Demokratie und damit auch das Bestehen der AfD vielschichtig und komplex sind, kann die Antwort ebenfalls nicht einfach und eindimensional sein.

Wer ein Problem lösen will, muss es anerkennen

Deshalb muss an dieser Stelle die berühmte Feststellung gelten: Wer ein Problem lösen will, muss es anerkennen. Notwendig ist deshalb eine grundsätzliche politische Auseinandersetzung mit den in weiten Teilen der Bevölkerung ausgeprägten Ohnmachtsgefühlen sowie mit anderen vielschichtigen Ursachen. Politik und Gesellschaft müssen sich selbstkritisch eingestehen, dass wir nicht nur in Deutschland virulente Probleme haben, auf die wir noch nicht genügend überzeugende Antwort gegeben haben. Denn warum gehen in einem reichen Land wie Deutschland Menschen noch Pfandflaschen sammeln, um ein paar Euro mehr in der Tasche zu haben? Warum fehlt es in vielen ländlichen Gebieten immer öfter an Ärzten, Schulen, Supermärkten und einem fußläufig erreichbaren Briefkasten? Warum haben wir so viel Bürokratie? Warum bereitet uns die Clan-Kriminalität immer noch Probleme? Wie kann es sein, dass wir nach wie vor nicht überall in Deutschland schnelles Internet haben? Warum ist fast der ganze Bildungsbereich eine einzige Dauerbaustelle, auf der es an elementaren Dingen fehlt: Lehrer, schnelles Internet, saubere Klos und Turnhallen, bei denen es nicht durchs Dach regnet? Warum werden Pflegekräfte nicht leistungsgerechter bezahlt? Die Liste dieser Fragen ließe sich lange fortsetzen, und die Corona-Pandemie hat schonungslos diesen Rost freigelegt, den unser Land in einigen Bereichen angesetzt hat. Trotzdem: Wir leben wahrscheinlich im besten Deutschland, das es je gab. Deutschland ist ein großartiges Land. Mit Menschen, die hart und fleißig arbeiten. Mit starken Unternehmen, die gute Arbeitsplätze bieten. Mit wunderbaren Familien, in denen viele Kinder mit Geborgenheit, Zuversicht und Liebe aufwachsen. Mit einem hohen Lebensstandard und einem Maß an Freiheit, um das uns viele Menschen auf der Welt beneiden. Dennoch müssen wir mit aller Offenheit bestehende Probleme benennen und Veränderungen zum Besseren herbeiführen.

Der Grund für die Krise der Demokratie ist nicht, dass es die genannten Probleme gibt. Ein Grund für die Krise und den Zulauf zu den Populisten ist vielmehr: Zu viele Bürgerinnen und Bürger haben den Eindruck, dass die Institutionen sie mit berechtigten und drängenden Fragen alleinlassen. Gerade in den neuen Ländern haben viele zudem – wie schon nach der deutschen Einheit – das Gefühl, mit ihren Sorgen nicht gesehen, nicht ernst genommen und bevormundet zu werden. Gleichwohl ist dies nicht der einzige Wahlgrund: Mangelnde politische Bildung und der Wunsch nach schneller, einfacher Problemlösung durch eine autoritäre starke Hand spielen genauso eine Rolle wie klare rechte und ausländerfeindliche Motive in Teilen der AfD-Wählerschaft.

Pars pro toto: Die Flüchtlingskrise 2015

Entscheidende Gründe für den Vertrauensverlust dürften auch sein, dass manche gesellschaftlichen Kräfte sichtbare Probleme leugnen oder die Kritiker beschimpfen, andere wiederum bestehende Ängste vor anderen Kulturen haben. Nirgendwo ist das so deutlich geworden wie in der Flüchtlingskrise 2015. Wie unter einem Brennglas sind damals all die oben genannten Probleme und Entwicklungen zusammengekommen. Die humanitäre Hilfe Deutschlands war in der damaligen Ausnahmensituation richtig, und dennoch bleibt: Viele Menschen fühlten sich mit ihren Fragen und ihren berechtigten Hinweisen auf bereits bestehende Integrationsprobleme alleingelassen. Die Parteien und Institutionen gerieten in die Kritik, weil sie sich in der Flüchtlingspolitik weitgehend einig waren, während sich die zahlreichen Kritiker dieser Politik nicht repräsentiert fühlten. Ein Großteil der Medien geriet wiederum wegen vermeintlich einseitiger Berichterstattung in die Kritik. Die Folge: Viele wichtige Medien verloren bei einem Teil der Bevölkerung als Informationsquelle ihre Glaubwürdigkeit. Es ist ein »Die da oben«-Gefühl verstärkt worden. Alles in allem war es deshalb kein Wunder, dass diese Krise damals zur Wiederbelebung der AfD führte, die sich eigentlich schon auf dem absteigenden Ast befunden und in bundesweiten Umfragen unter der 5-Prozent-Marke gelegen hatte.

Um es noch einmal klar zu sagen: Dies ist ein Erklärungsversuch, keine Verteidigung und erst recht keine Entschuldigung dafür, dass wir in der Flüchtlingskrise ein Ausmaß an Hass, Hetze und Gewalt erlebt haben, für das es keine Rechtfertigung gibt: von aggressiver Fremdenfeindlichkeit über Brandanschläge auf Asylunterkünfte bis hin zu rechtem Terror, der Menschenleben gefordert hat – in München 2016, bei dem der Täter aus rassistischen Motiven neun Mitbürgerinnen und Mitbürger ermordete, oder in Georgensgmünd, wo ein Polizeibeamter von einem Reichsbürger erschossen wurde. Auch die Ermordung unsere Freundes Walter Lübcke war Folge eines Hass-Exzesses, an dem auch die AfD und ihre Anhänger mitschuldig waren. Aus den vermeintlichen Biedermännern wurden Brandstifter, aus Blau wurde Braun.

Herausforderungen für Konservative

Unbestreitbar ist damals auch ein Riss durch die Konservativen in Deutschland gegangen, gerade auch in der Union. Es gab nicht nur bei uns eine Aufspaltung in drei Gruppen: Es gab die Konservativen, die sich insbesondere mit Bezug auf das christliche Menschenbild und das darin innewohnende Gebot der Nächstenliebe hinter die Flüchtlingspolitik gestellt haben. Dann gab es die Konservativen, die vor allem an Recht und Gesetz der damaligen Politik zweifelten. Und schließlich gab es Konservative, die sich insbesondere an den kulturellen Implikationen der Flüchtlingsfrage störten.

Das alles zeigt erstens: Es gibt nicht »die« Konservativen. Und es zeigt zweitens: »Konservativ« ist kein geschützter Begriff. Ich kann nicht verhindern, dass sich jemand wie Björn Höcke, der tief im völkischen Denken verwurzelt ist, als »konservativ« bezeichnet. Ich kann nur klarmachen, dass seine

Vorstellungen im klaren Gegensatz zu dem stehen, was wir Christdemokraten als »konservativ« verstehen und leben.

An dieser Stelle sei aber noch einmal klargestellt: Ja, die AfD hat auch Wähler und Mitglieder von der CDU gewonnen. Einige ihrer Gründer und Führungsleute waren früher in der CDU. Aber die heutige AfD ist nicht Fleisch vom Fleische der CDU. Das belegt ein Blick in die Wählerwanderung bei der Bundestagswahl 2017. In der Tat hat die AfD eine Million Wählerinnen und Wähler von der CDU gewonnen. Aber auch eine Million von SPD und Linken. Ein viel größerer Teil, rund 2,2 Millionen Wähler, kamen aus dem Nichtwähler-Lager oder von anderen Kleinstparteien. Die Wählerwanderung von der Partei DIE LINKE zur AfD ist aus meiner Sicht nicht überraschend, schließlich ist die Linke eine populistische Partei, die immer viele Protestwähler hatte.

Deshalb verwahre ich mich auch gegen die unreflektierte Aussage, es liege vor allem in der Verantwortung der Union, der AfD das Wasser abzugraben.

Und dennoch müssen wir auf den Satz zu Beginn dieses Textes zurückzukommen: Realistisch betrachtet waren es in der Geschichte leider oft auch die als konservativ geltenden Parteien, die Rechtspopulismus nicht aktiv genug bekämpft, Rechtspopulisten den Weg geebnet – oder sich selbst dazu entwickelt haben. Es ist falsch verstandener Konservatismus, sich lieber reaktionären Kräften anzuschließen, anstatt gesellschaftliche Entwicklungen zu prägen. Offensichtlich erscheinen autoritäre Scheinlösungen auch hierzulande einigen Wählern, die sich selbst gar nicht unbedingt weit rechts verorten würden, durchaus attraktiv. Die AfD benutzt Begriffe wie Heimat, Patriotismus und Bürgerlichkeit, meint damit aber etwas ganz anderes als wir. Wenn wir Christdemokraten von Heimat und Traditionen sprechen, dann schließen wir niemanden aufgrund einer anderen Herkunft oder Abstammung aus. Wenn wir uns zu unserem Land bekennen, dann auch ausdrücklich zu allen, die Teil dieser Gesellschaft sind, unabhängig vom Geburtsort oder der Religion. Gegen solche autoritären Versuchungen hilft es, sich der eigenen christlichen sowie konservativen Werte zu vergewissern und diese mit Leben zu füllen.

»Prüft aber alles und das Gute behaltet«

Denn dann ist Konservatismus am besten: Wenn er gestaltet. »Prüft aber alles und das Gute behaltet« (1. Thess. 5,21) heißt der biblische Leitspruch, der die konservative Grundhaltung gut beschreibt. Es heißt dort eben nicht: Setzt euch übellaunig in die Ecke und beweint die Veränderungen. Sondern »prüft« und »behaltet« ist ein »call to action«, wie es neudeutsch heißt. Christdemokratische Konservative sind deshalb in der Geschichte immer wieder aktiv geworden und haben die Zukunft gestaltet, anstatt der Vergangenheit nachgetrauert.

Nicht nur deshalb hat der christdemokratische Konservatismus mit der reaktionären Deutschland-Feindlichkeit der AfD nichts gemein: Wir lieben unser Land, die AfD verachtet alles, was es aus- und stark macht. Christdemokratische Konservative bekennen sich zum christlichen Menschenbild und damit zur Unverletzbarkeit der menschlichen Würde. Die AfD jedoch tritt die menschliche Würde jeden Tag mit Füßen: Ungehemmt hetzt sie gegen alles, was nicht in ihr enges Weltbild passt. Ihre Anhänger bedrohen Politikerinnen und Politiker,

Journalistinnen und Journalisten, ehrenamtliche Helfer – teilweise sogar auch andere AfD-Mitglieder – mit Gewalt und Tod. Christdemokratischer Konservatismus ruft seine Anhänger dazu auf, aufrechte Demokraten in bester bürgerlicher Tradition zu sein. Der demokratische Streit kann mitunter hart geführt werden, aber ein Angriff auf demokratische Institutionen oder gar die Gewaltanwendung sind Tabus und stehen unseren Werten diametral entgegen. Generell gilt: Angriffe auf Menschen, und ja, auch auf AfD-Politiker, deren Familien oder andere Menschen, die demokratiefeindliche Einstellungen vertreten, sind ein absolutes No-Go! Die AfD verachtet den Parlamentarismus und die demokratische Kultur, wie ich es selbst bei jeder Bundestagssitzung miterleben muss. Die konservative *Neue Zürcher Zeitung* kommentierte passend: »Die AfD ist keine bürgerliche Partei. Ihre Vertreter pflegen eine Sprache der Radikalität. Sie wollen bewusst spalten. Maß und Mitte sind ihre Sache nicht, sondern die Extreme.«

Christdemokratischer Konservatismus steht für weltoffenen Patriotismus, für Ordnung und Leistungsgerechtigkeit. Er schätzt und respektiert jeden, der sich an die rechtsstaatlichen Regeln hält, der die Werte unseres Grundgesetzes achtet, der die hiesige Kultur in all ihren Facetten anerkennt und der sich für das Wohlergehen unseres Landes einsetzt – unabhängig von Herkunft, Hautfarbe oder sexueller Orientierung. Die AfD hingegen ist die Anti-Deutschland-Partei und eine hartnäckige Integrationsverweigerin. Ihr Politikansatz lautet: Hass, Neid und Missgunst schüren, damit Deutschland auseinandertreibt. Oder wie es der ehemalige Pressesprecher der AfD einmal ausdrückte: »Je schlechter es Deutschland geht, desto besser für die AfD.« (Die Zeit, 28. 09. 2020)

Und noch ein Punkt: Christdemokratische Konservative

sind glühende Europäer und bekennende Transatlantiker. Ja, die EU ist derzeit alles andere als perfekt. Aber sie bleibt das größte und erfolgreichste Friedens-, Freiheits- und Wohlstands-Projekt auf diesem Kontinent. Und viele christdemokratische Konservative haben es geprägt – allen voran Konrad Adenauer und Helmut Kohl. Wir als Union sind es den Bemühungen unserer Vorgänger und unserer eigenen deutschen Geschichte schuldig, dass wir weiter für ein starkes und vereintes Europa in Frieden und Freiheit kämpfen. Gleichzeitig bekennen wir uns zur transatlantischen Partnerschaft, weil wir mit den USA eine Wertegemeinschaft bilden und weil diese Gemeinschaft mitentscheidend ist für unsere Sicherheit, für Frieden, Freiheit und Wohlstand. Die AfD dagegen will de facto die Zerstörung der Europäischen Union, den Austritt Deutschlands aus der EU und die Abschaffung des Euro. In der Außenpolitik biedert sie sich lieber dem Kreml an und verstrickt sich dabei in undurchsichtige Lobbyarbeit für autoritäre Staaten.

Klare Kante gegen die AfD

Das alles zeigt: Christdemokratischer Konservatismus fordert seine Anhänger dazu auf, aufgrund ihrer Haltung ein Bollwerk gegen Populismus jedweder Art zu sein. Die CDU hat deshalb auf ihrem Hamburger Parteitag 2018 per Beschluss eine Zusammenarbeit mit der AfD grundsätzlich ausgeschlossen. Damit hat die CDU eine klare Brandmauer gegen die AfD gezogen. Als unser Parteifreund Walter Lübcke heimtückisch von einem Neonazi und AfD-Sympathisanten ermordet wurde, hat der CDU-Bundvorstand diesen Beschluss am 24. Juni 2019 bekräftigt. Ich möchte ihn hier ausführlich zitieren: »Jeder, der in der CDU für eine Annäherung oder gar Zusammenarbeit mit der AfD plädiert, muss wissen, dass er sich einer Partei annähert, die rechtsextremes Gedankengut, Antisemitismus und Rassismus in ihren Reihen bewusst duldet. Er muss wissen, dass er sich einer Partei annähert, die ein ideologisches Umfeld unterstützt, aus dem der mutmaßliche Täter von Walter Lübcke gekommen ist. Deshalb bekräftigen wir auch im Andenken an unseren ermordeten Parteifreund den Parteitagsbeschluss von Hamburg: Die CDU lehnt jegliche Koalitionen oder ähnliche Formen der Zusammenarbeit mit der AfD ab. Die CDU wird alle zur Verfügung stehenden Möglichkeiten nutzen, diesen Beschluss durchzusetzen.«

Parteimitglieder, die gegen diesen Beschluss verstoßen, haben in der CDU keinen Platz. Mitglieder, die klar dagegen verstoßen haben, schließen wir konsequent aus der Partei aus.

Vergangene Ereignisse haben gezeigt, dass es für uns als gesamte CDU umso wichtiger ist, unseren Wertekanon, der einer freiheitlichen demokratischen Gesellschaft verpflichtet ist, stets in Erinnerung zu rufen und mit Leben zu füllen. Dabei müssen wir uns selbst mit den Freiheiten und Grenzen unserer Demokratie und unserer Arbeit als politische Verantwortungsträger auseinandersetzen. Die Verweigerung einer Zusammenarbeit mit Akteuren oder Parteien, die unsere Werte nicht akzeptieren und angreifen, ist kein Verstoß gegen demokratische Grundprinzipien, sondern der verantwortungsbewusste Weg, diese zu schützen. Ich habe und werde mich immer dafür einsetzen, dass demokratiefeindliche Tendenzen, auch in den eigenen Reihen, nicht toleriert werden. Der Versuch des Anbahnens von Bündnissen mit der AfD ist genauso inakzeptabel wie das Bestreben, Wähler am rechten

Rand durch die Übernahme von Positionen und Botschaften der AfD ansprechen zu wollen.

Gleichzeitig sind wir mit der Realität konfrontiert: Gewisse »Berührungspunkte« lassen sich im parlamentarischen Alltag nicht vermeiden. Die AfD wurde gewählt, sie ist demokratisch legitimiert, und ihre aus dem Wählerwillen erwachsenen Rechte sind selbstverständlich zu respektieren. So haben auch die Abgeordneten der AfD das Recht, frei zu wählen, im Parlament zu sprechen, an den Ausschusssitzungen teilzunehmen oder abzustimmen. Deshalb hat auch nicht jeder »Berührungspunkt« von irgendeiner Partei mit der AfD Verhetzungspotenzial. Emotional aufgeheizte und unsachliche Debatten helfen nicht nur der AfD, ihren vermeintlichen Opferstatus zu kultivieren. Sondern sie halten uns von der wichtigen Debatte ab, wie wir alle dazu beitragen können, dass die AfD wieder aus dem politischen Alltag verschwindet. Das ist jedenfalls mein erklärtes Ziel.

Die Auseinandersetzung mit AfD-Anhängern ist ein Bohren dicker Bretter

Damit komme ich zum letzten Mal auf den Satz vom Anfang zurück: Politik beginnt mit dem Betrachten der Realität. Zu dieser Realität gehört, sich die Anhängerschaft der AfD genau anzuschauen. Die AfD ist ohne Zweifel das Sammelbecken für den ganzen rechten Sumpf in Deutschland geworden. Laut einer Umfrage der Bertelsmann-Stiftung aus dem Juni 2020 finden sich bei 29 Prozent der AfD-Anhänger »manifest rechtsextreme« Einstellungen. 73 Prozent vertreten rechtspopulistische Einstellungen.

Hinzu kommt aber eine diffuse Wählermasse, die längst nicht mehr nur aus Protestwählern besteht. Der Stammwähleranteil der AfD liegt bei 50 Prozent – größer als bei anderen Parteien (Umfrage Konrad-Adenauer-Stiftung, 05/2020). Die AfD-Wähler verspüren große Verlust- und Überfremdungsängste. Ihr zentrales Wahlmotiv ist deshalb die Begrenzung der Zuwanderung, jedoch bei Weitem nicht das einzige. Die AfD-Wähler sagen, die AfD spreche anders als die anderen Parteien Klartext und sie habe ein Gespür für die Probleme der Menschen. Der Wunsch nach Klarheit und der Wunsch nach Gehörtwerden sind in einer unübersichtlich erscheinenden Welt verständlich. Aber die AfD nutzt nur vorhandene Ängste und Ressentiments aus – ohne selbst tragfähige Lösungen anzubieten. Das ist genauso verantwortungslos wie die unflätige Rhetorik der AfD, die eher »an eine vollgeschmierte Klowand erinnert« (*Neue Zürcher Zeitung*, 26. 06. 2019). Und fast alle AfD-Wähler finden es gut, dass die AfD für eine andere Klimapolitik steht, was im Fall der AfD heißt: Leugnung der Bedrohung der Schöpfung – was auch wieder antikonservativ ist.

Eine weitere besondere Herausforderung für die politische Auseinandersetzung mit Wählern der AfD ist das Fehlen eines gemeinsamen Fundaments. 87 Prozent der AfD-Wähler glauben, dass den deutschen Medien von Staat und Regierung vorgegeben wird, worüber sie berichten sollen. Nur 25 Prozent der AfD-Wähler haben Vertrauen in den öffentlich-rechtlichen Rundfunk, und schließlich sind AfD-Anhänger weit überdurchschnittlich für Verschwörungsmythen empfänglich.

Daraus folgt zweierlei: Zum einen ist ein Teil der AfD-Wähler für demokratische Parteien und Institutionen schlicht nicht mehr erreichbar. Gegen jene müssen wir klar und unmissverständlich Stellung beziehen und unsere Werte demokratisch verteidigen – mit öffentlichem Widerspruch und zur Not auch mit allen Mitteln des Rechtsstaates. Zum anderen aber braucht es Kärrner-Arbeit, um die Wähler zu erreichen, die für demokratische Parteien noch erreichbar sind. Denn die gut geschriebene Broschüre der Zentrale für politische Bildung wird dort genauso wenig überhaupt zur Kenntnis genommen wie der klug argumentierende Leitartikel oder der emotional vorgetragene Influencer-Appell. Das Gleiche gilt übrigens für das fundierte Thesenpapier oder den Vortrag vor einer Presse-Rückwand in Berlin. Nein, alle demokratischen Kräfte müssen stärker auch da wieder hingehen, wo es »wehtut« und wo es unbequem ist. Wir alle müssen auch wieder stärker vor Ort mit Menschen reden – auf Augenhöhe, auch mit denen, die einem zunächst mit heftiger Kritik begegnen. Und dann gilt es eben nicht zu beschwichtigen oder sich rauszureden, sondern Klartext zu reden. Das heißt auch Fehler einzugestehen, Probleme klar zu benennen und auch den Rahmen des Machbaren ehrlich aufzuzeigen. Es heißt zudem, Grenzen zu ziehen. Grenzen des Sagbaren und Grenzen des Verhandelbaren. Ministerpräsident Michael Kretschmer hat 2019 mit seinen Sachsengesprächen gezeigt, wie so was geht.

»Politik bedeutet ein starkes langsames Bohren von harten Brettern mit Leidenschaft und Augenmaß zugleich«, hat Max Weber einmal gesagt. Wer aber anfängt zu bohren, sollte wissen, was am Ende entstehen soll. Zuhören und diskutieren auf der einen Seite und klare Kante gegen Antidemokraten sind nicht die Allheilmittel gegen Populismus. Aber sie sind die wichtigsten Schritte, um vor allem die Kluft zwischen Bürgerinnen und Bürgern und »denen da oben« zu schließen und dafür zu sorgen, dass das Verschwinden der AfD und anderer rechtsextremer Kräfte zur Realität wird.

»Ich will ein Leben lang auf dieser Barrikade steh'n« – wie politisch darf oder muss Kunst sein?

von Sebastian Krumbiegel

»Mach du doch bitte einfach Musik, sing deine Lieder, unterhalte dein Publikum, aber halte dich aus der Politik doch besser raus.«

So oder so ähnlich habe ich das oft gehört. Manchmal sogar verbunden mit dem Vorwurf, dass ich das, was ich da politisch sage oder tue, nur deswegen mache, weil ich mich damit profilieren wolle; oder dass es peinlich und lächerlich sei, mit »politischem Halbwissen« kokettieren zu wollen.

Diese Meinung teile ich gar nicht – ganz im Gegenteil: Ich bin zutiefst davon überzeugt, dass sich jeder Mensch, ganz gleich, ob er nun Musiker, Journalistin, Taxifahrer, Lehrerin, Polizist oder Ärztin ist, einmischen sollte, dass wir selbst es sind, die sich darum kümmern müssen, in was für einer Welt wir leben. Wir haben das große Glück, in einem demokratischen Rechtsstaat zu leben, in einem System, in dem wir die Möglichkeit haben, für oder gegen Dinge einzutreten, die wir richtig oder falsch finden.

Es ist ein fataler Irrtum zu glauben, dass unsere Demokratie ein Selbstläufer sei, der automatisch immer weiter funktioniert, sobald er einmal etabliert worden ist. Ganz im Gegenteil: Die Demokratie ist ein zerbrechliches Gebilde, das jeden Tag aufs Neue gepflegt oder sogar verteidigt werden muss, denn mehr und mehr bringen sich Menschen in Stellung, die diese scheinbar sichere Demokratie bekämpfen, die sie durch langsames, stetiges Agieren Schritt für Schritt aushöhlen wollen und damit massiv in Gefahr bringen.

Ein befreundeter Musiker sagte mal zu mir: »Ich war schon immer gegen das Establishment, und ich verstehe nicht, warum du mit den Mächtigen so kuschelst.« Ich antwortete, dass ich keineswegs das Gefühl habe, mit den Mächtigen zu kuscheln, nur weil ich oft mit diesen Kreisen zu tun hatte. Ich antwortete, dass ich es sogar für wichtig halte, denen, die uns regieren, auf die Finger zu schauen – und manchmal sogar draufzuklopfen, wenn wir bemerken, dass diese Leute sich nicht an die demokratischen Spielregeln halten. Aber um das tun zu können, sollte man sich mit ihnen beschäftigen, sollte man sich politisch bilden, verschiedene Zeitungen lesen und nicht sagen, dass einen das alles gar nichts angehe. Und man sollte immer wieder das Gespräch suchen, gerade mit denen, die auf den ersten Blick anderer Meinung sind oder zum Establishment gehören.

Seit meiner Kindheit mache ich Musik. Zuerst im Leipziger Thomanerchor, in dem ich seit meinem zehnten Lebensjahr bis zum Abitur Mitglied war, und dann in der Band, in der ich noch heute voller Freude singe. DIE PRINZEN – meine Lieblingsband, mit der ich seit mittlerweile mehr als dreißig Jahren unterwegs bin, ist natürlich in erster Linie dazu angetreten, sich selbst und ihr Publikum zu unterhalten. Mir war es aber von Anfang an wichtig, über mehr zu singen als über Liebe-Triebe und Herz-Schmerz. Dabei war mir durchaus klar, dass meine Musik nicht immer politisch sein muss – aber sie kann es. Für mich steckt in dem Wort »Unterhaltung« immer auch das Wort »Haltung«. Das mag etwas pathetisch klingen, aber für mich ist das eine große Wahrheit. Mir waren Leute wie Udo Lindenberg oder Rio Reiser immer näher als alle noch so bedeutenden, erfolgreichen oder anspruchsvollen Künstler. John Lennon war und ist für mich immer der »wichtigere« Beatle als Paul McCartney, wenngleich ich natürlich weiß, dass es schlussendlich beide waren, die zusammen mit George Harrison und Ringo Starr Musikgeschichte geschrieben haben. Wegen solcher Leute, die ihre Musik mit Haltung verbunden haben, habe ich jedenfalls im Alter von 15 Jahren meine erste Band gegründet und fing an, meine ersten Lieder zu schreiben.

»Ich bin der schönste Junge aus der DDR – und das freut mich sehr. Guck ich mir meinen Korpus an, dann denk ich: Mann oh Mann. (...)

Ich bin der schönste Junge aus der DDR – aus unserer schönen DDR. Und das freut mich sehr.«

Dieses Lied war 1987/88 ein kleiner Hit im Osten der Republik, in den, wie wir heute immer noch sagen, »neuen Ländern«:

Ein nicht gerade Adonis-gleicher, übergewichtiger, 20 Jahre alter Typ mit komischen Haaren besang voller selbstironischer Inbrunst die Deutsche Demokratische Republik, und das Publikum merkte, dass da irgendwas nicht stimmte. Dieser Typ war ich, und ich habe mich bei meinen Texten immer wieder gern hinter der Maske der Selbstironie versteckt, weil einem dann keiner was konnte. Wir haben diese Ironie-Maske immer wieder gern aufgesetzt, weil das erst mal unterhaltsam ist, gleichzeitig aber eben auch ernste, mitunter sogar versteckte politische Botschaften transportieren kann, ohne dabei zu moralisieren oder zu belehren. Nicht jeder verstand das immer so, wie wir es meinten, aber das war dann eben so. Daran hat sich bis heute nicht viel geändert. Ein Popsong hat nicht den Anspruch, eine wasserdichte Sozialstudie oder eine Doktorarbeit zu sein, ein Popsong spiegelt maximal ein Gefühl wider und spricht dabei etwas an, was – wenn es denn funktioniert – ein Stück Zeitgeist einfängt. Wir erhielten später mit DIE PRINZEN oft Post von Menschen, die unsere Art der Ironie nicht wirklich verstanden haben: »Aber du musst doch gar kein Schwein sein in dieser Welt – was erzählt ihr da den Leuten? Ihr solltet Vorbilder sein und nicht zu schlechtem Benehmen aufrufen!« Ja – wie soll man darauf reagieren?

Als Anfang des neuen Jahrtausends unser Lied »Deutschland« rauskam, haben wir ähnliche Erfahrungen gemacht. DJs schrieben uns, dass sie uns ja immer gern gespielt haben, dass jetzt allerdings mehr und mehr Neonazis ankämen und sich dieses Lied wünschten. Das hat uns erschreckt – schon wieder Applaus von der falschen Seite, der augenscheinlich daher kam, dass diese Leute unser Lied missverstanden hatten. Es ist, und das hört man deutlich, wenn man es sich genau anhört, eben kein patriotisch-nationalistisches »Liebeslied« an das deutsche Wesen, an dem die Welt genesen soll – nein –, es ist das genaue Gegenteil. Wir bejubeln das Land, in dem wir leben, voller Ironie und werden im Laufe des Liedes immer sarkastischer. »Es gibt manchen, der sich gern über ›Kanaken‹ beschwert und zum Ficken jedes Jahr nach Thailand fährt« oder »Wir stehen auf Ordnung und Sauberkeit – wir sind jederzeit für 'nen Krieg bereit« – wenn das jemand falsch versteht, dann können wir dagegen leider nichts tun. Kunst kann missverständlich sein, weil jeder Mensch sie anders interpretieren kann. Es liegt – und das ist ja eigentlich auch das Schöne, das Spannende an Kunst – im sprichwörtlichen Auge des Betrachters. Auf den Vorwurf, dass wir deshalb unserer Verantwortung nicht gerecht würden, die wir zweifelsohne haben, ob wir es nun wollen oder nicht, versuchen wir gelassen zu reagieren. Wir wollen und können nicht alles erklären. Wir sollten bei aller Provokation versuchen, in der Sache klar zu bleiben. Das tun wir, und wenn das jemand falsch versteht, dann können wir es nicht ändern. Kunst ist eben auch schon immer dafür da gewesen, unbequeme Wahrheiten zu thematisieren. Früher bei Hofe gab es oft einen Hofnarren, und wenn wir Künstler heute, in unserem modernen Leben, in ebendiese Rolle schlüpfen, dann kann ich damit sehr gut leben.

Vor wenigen Wochen hat eine Kunst-Aktion von über 50 namhaften deutschen Schauspielerinnen und Schauspielern für große mediale Aufregung gesorgt. Unter dem Hashtag #allesdichtmachen kursierten kurze Videos im Netz, die ironisch die Pandemie-Politik der Bundesregierung kritisieren sollten. Auf viele wirkten diese kleinen Filme aber nicht heiter-ironisch oder kritisch-sarkastisch, sondern zynisch und verletzend. Auch ich war befremdet, weil ich mich fragte, wie denn jemand, der in den letzten Wochen oder Monaten einen geliebten Menschen an dieses tückische Virus verloren hatte, diese Videos wohl wahrnehmen würde. Was mich allerdings ähnlich verstörte, war der Aufschrei, der dann durch die mediale Landschaft und die Öffentlichkeit tobte. Die Aktion wurde verurteilt, und die daran beteiligten Künstlerinnen und Künstler wurden scharf kritisiert, teilweise sogar beschimpft und verurteilt für das, was sie da gemacht hatten. Das ging so weit, dass von einigen übereifrigen Kritikern sogar Berufsverbote der Protagonist*innen gefordert wurden – und das geht nun wirklich zu weit. Applaus kam, und auch das war ein Vorwurf, »von der falschen Seite«, also von Verschwörungsideologen, sogenannten Reichsbürgern und Querdenkern bis hin zu rechtsextremen Politiker*innen. Und genau da wird es eben schwierig. Natürlich kann man den Macher*innen von #allesdichtmachen vorwerfen, dass sie sich im Ton vergriffen haben, dass sie bei dieser Aktion Empathie und Respekt vor den Opfern der Pandemie haben vermissen lassen. Man kann ihnen aber nicht vorwerfen, dass sie »von der falschen Seite« Applaus bekommen haben, geschweige denn, dass sie es darauf angelegt hätten. Einige der Beteiligten haben ihre Beiträge sehr schnell zurückgezogen und diejenigen um Entschuldigung gebeten, die sie – sicher ohne es gewollt zu haben – verletzt hatten. Bestimmt waren sie selbst erschrocken über die heftigen Reaktionen, aber ihnen nun vorzuwerfen, »einzuknicken« oder einen Rückzieher zu machen, sobald Gegenwind kommt, ist ebenfalls unfair. Diese Entschuldigungen sind aller Ehren wert. Andere wiederum haben diese Kunstaktion verteidigt, sind in Talkshows gegangen oder haben Interviews gegeben, in denen sie sich darüber beklagten, dass man heutzutage gar nichts Kritisches mehr sagen dürfe, was nicht der allgemeinen Meinung entspricht, ohne sofort öffentlich an den Pranger oder in die rechte Ecke gestellt zu werden.

Natürlich könnte man ihnen entgegnen, dass das Unsinn ist, dass in unserem demokratischen Rechtsstaat jeder seine Meinung frei äußern kann, dass allein das Grundgesetz genau dafür sorgt, aber so einfach ist es leider nicht. Wer schon mal die Wucht eines Shitstorms erlebt hat, weiß, wovon ich gerade spreche. Das braucht kein Mensch, und jeder, der sagt, dass das ja gar nicht so schlimm sei, hat entweder ein sehr dickes Fell oder einen harten und beleidigenden Shitstorm noch nicht über sich ergehen lassen müssen. Es ist extrem verstörend, tut weh, und es macht was mit einem.

Natürlich darf jeder alles sagen, solange er damit nicht gegen Gesetze verstößt, menschenfeindliche oder volksverhetzende Dinge von sich gibt. Aber man muss eben damit rechnen, dass es Widerspruch geben kann. Das nennt man dann »Diskurs«, und ein solcher bringt uns alle weiter, wenn er fair und respektvoll geführt wird. Und genau da liegt das Problem. Mehr und mehr haben viele Menschen das Gefühl, dass ein sachlicher, respektvoller Diskurs oft gar nicht mehr geführt wird. Jeder beharrt auf seiner Meinung, es scheint nur noch Gut und Böse, Schwarz und Weiß oder eben (politisch) Links und Rechts zu geben – und nichts dazwischen. Dass die Wahrheit oft in der Mitte liegt, auch wenn es durchaus unverhandelbare Grundwerte wie die Menschenrechte gibt, vergessen wir mehr und mehr, oder wir wollen es nicht wahrhaben. Die Fronten verhärten sich zunehmend, und wir reden nicht mehr mit-, sondern übereinander, wollen uns scheinbar gar nicht mehr einigen, sondern beharren auf unserer Meinung. Wir sind überzeugt davon, auf der richtigen Seite zu stehen und recht zu haben. Aber wenn wir alle immer nur auf unserer Sicht auf die Dinge bestehen, wenn wir nicht bereit sind, aufeinander zuzugehen, dann haben wir keine Chance, aus einem Dissens gemeinsam und ohne Gesichtsverlust hervorzugehen. Das ist ein Dilemma, und sicher liegt es auch daran, dass das Netz uns eine Anonymität gibt, dass die Algorithmen, Echokammern und Filterblasen dafür sorgen, dass wir immer nur das widergespiegelt bekommen, was wir lesen oder hören wollen. Sicher liegt es in diesen bewegten Pandemie-Zeiten aber auch daran, dass wir fast gar nicht mehr Aug in Aug miteinander reden konnten, sondern, wenn überhaupt, nur noch zweidimensional in Video-Konferenzen oder am Telefon, wo wir die kleinen Zwischentöne nicht bemerken und Missverständnisse vorprogrammiert sind. Aber all das könnten auch nur Ausreden sein. Vielleicht ist es uns einfach auch zu anstrengend, andere Meinungen zu ertragen, vielleicht geben wir uns einfach zu wenig Mühe, einander zu verstehen? Vielleicht aber kann Kunst an dieser Stelle eine Brücke sein, ein Kommunikator. Besonders die Musik ist eine universelle Sprache, die eher emotional als intellektuell funktioniert, und das sollten wir als Chance begreifen, denn sie kann helfen, uns miteinander zu verbinden.

Was darf Kunst, was darf Satire? Kurt Tucholsky beantwortete diese Frage mit einem klaren »Alles«, und das ist auch erst mal richtig so. Kunstfreiheit ist ein hohes Gut, und wir sollten dafür geradestehen, dass das auch so bleibt.

Mit DIE PRINZEN haben wir gerade ein Lied veröffentlicht, das sich genau mit dieser Frage beschäftigt: »Dürfen darf man alles« (frei nach dem Kurt-Tucholsky-Satz »Dürfen darf man alles – man muss es nur können«). Wir fragen, was man denn »heutzutage« überhaupt noch sagen darf, ob man »Frauen überhaupt noch Komplimente machen« darf, »Fleisch, Thunfisch, Robben und Delfine essen« oder »beim Küssen an was anderes denken«. Und wir antworten: Man darf alles, solange man kein Schwein ist und nur an sich allein denkt. Das ist natürlich satirisch überspitzt, und auch das könnte missverstanden werden. Am Ende des Liedes heißt es dann: »Manche glauben, dass die Welt sich gegen sie verschwört – manche meinen, dass die Wahrheit doch nur ihnen gehört – manche sagen, was sie denken, dann sagen sie danach – dass man heutzutage ja nichts mehr sagen darf.« Damit wollen wir uns in gewisser Weise gegen Missverstehen absichern, denn gerade bei diesem Thema wollen wir keinesfalls missverstanden werden und den berühmten Applaus von der falschen Seite bekommen, obwohl sich das auch dieses Mal sicher nicht vermeiden lässt.

Dieses Lied ist fast zeitgleich mit einem anderen erschienen, das sich mit dem gleichen Thema auseinandersetzt – was wieder einmal zeigt, dass Pop sehr viel mit Zeitgeist zu tun hat. Dieses Lied ist noch viel deutlicher und in meinen Augen auch mutiger und klarer: Ein guter Freund, der Berliner Musiker Danger Dan, hat es geschrieben: »Das ist alles von der Kunstfreiheit gedeckt« – für mich eines der herausragendsten Lieder der letzten Zeit. Darin teilt er sehr clever musikalisch und größtenteils im Konjunktiv seine politische Meinung mit: AfD-Politiker Alexander Gauland wirkt für ihn wie ein Nationalsozialist, den Verleger Jürgen Elsässer bezeichnet er als Antisemiten, Ken Jebsen sei »ein lächerlicher Mann«, allgemein ruft er zum Kampf gegen diese Leute auf und geht sogar so weit zu sagen, dass man diesbezüglich nicht auf Staat und Polizeiapparat vertrauen soll (»weil der Verfassungsschutz den NSU mit aufgebaut hat«), und singt, dass das letzte Mittel, das uns allen bleibt, wenn wir friedlich gegen die Gewalt nicht ankommen können, Militanz sei. Oft habe ich mit ihm darüber diskutiert. Gewalt lehne ich ab – das macht aus meiner Sicht alles nur noch viel schlimmer, sage ich ihm, woraufhin er entgegnet, dass die Alliierten im Zweiten Weltkrieg die Nazis auch nicht hätten aufhalten können, wenn sie Luftballons aus ihren Bombern geworfen hätten – das seien eben die Grenzen des Pazifismus. Wobei der entscheidende Unterschied natürlich darin besteht, dass Gewalt gegen eine mörderische Diktatur etwas ganz anderes ist als Gewalt in einer Demokratie. Aber – und genau das ist der Punkt – Danger Dan sagt, dass das eben ein Lied ist, dass es Kunst ist, Satire, und dass die – wie wir wissen – alles darf. »Zeig mich an und ich öffne einen Sekt – das ist alles von der Kunstfreiheit gedeckt«.

Doch wie gehen wir damit um, wenn sich Künstlerinnen oder Künstler auf die Kunstfreiheit berufen, die antisemitische, rassistische, sexistische oder homophobe Inhalte transportieren? Messen wir da nicht mit zweierlei Maß? Nein – das denke ich nicht. Kunst sollte zwar auch verstören oder provozieren dürfen, aber sie sollte immer im weitesten Sinne im Dienste der Menschlichkeit stehen.

»Kunst ist Waffe« – diese Bezeichnung stammt von Friedrich Wolf, einem Autor der Weimarer Republik, der seine Kunst immer klar politisch sah. Ich kann dem nur beipflichten. Wie gesagt – natürlich wollen wir erst mal unterhalten, aber wir wollen eben auch mehr. Wenn wir merken, dass irgendwas nicht stimmt, wenn wir spüren, dass irgendwas im Argen liegt, dass unsere Demokratie in Gefahr ist, dann sollten wir uns vorsehen, dann sollten wir wachsam sein. Dabei – und davon bin ich nach wie vor überzeugt – sollten wir immer versuchen, auf Gewalt als allerletztes Mittel zu verzichten. Aber wir haben die Kunst als Waffe, und damit kennen wir uns aus. Ja – Kunst sollte immer auch politisch sein, Kunst sollte sich immer positionieren. Das war für mich, seit ich Lieder schreibe, immer Motor und Kompass zugleich. Nicht ausschließlich, aber immer ein wichtiger Teil dessen, was ich künstlerisch gemacht habe, und das wird auch so bleiben. Denn wir selbst sind es, die sich darum kümmern sollten, in was für einer Welt wir leben – wir haben es selbst in der Hand. Raushalten gilt nicht, davon bin ich überzeugt, und jeder Mensch ist automatisch auch politisch. Denn auch wenn man nichts sagt, sagt man etwas. Und dass die Demokratie nur funktioniert, wenn wir uns um sie kümmern, ist ein alter Hut. Aber den setz ich mir immer wieder gern auf und schreibe genau darüber Songs:

Ich will ein Leben lang für diese Dinge geradesteh'n
Mit all den Leuten, die auf unserer Seite sind
Ich will ein Leben lang auf dieser Barrikade steh'n
Für die Demokratie

Gestalten wir! Für eine bessere politische Zukunft

von Marina Weisband

»Die Politik ist kaputt, und das Internet hat sie kaputt gemacht!« So oder so ähnlich lautet derzeit oftmals die These in Feuilletonbeiträgen und Meinungsstücken zur Lage der Nation. Querdenker, Rechtsradikale, Hass, Falschmeldungen – an allem sei das Internet schuld. In der Welt des Faxes hätte es das nicht gegeben. In den Neunzigerjahren der BRD war die Welt doch eigentlich noch o.k. Was ist schiefgegangen? Wo sind wir falsch abgebogen? Ist an allem dieses Facebook schuld? Die Anonymität online? Und ist die Entwicklung eigentlich wirklich nur negativ – oder können wir daraus eigentlich auch etwas richtig Gutes machen?

Sicher, in den Neunzigerjahren, als ich Schülerin war, war es ruhiger. Was daran lag, dass wir insgesamt unpolitischer waren. Wir sind an Freitagen nicht auf die Straße gegangen, niemand von uns hat Aufsichtsratsposten bei Siemens abgelehnt, wir infiltrierten auch keine rechten Gruppen und betrieben keine Shitstorms gegen linke Profile. Wir haben MTV geschaut und Klamotten gekauft. Nichts war zu spüren von der politischen Hitze, die wir heute als Bedrohung des Diskurses und der Demokratie wahrnehmen. Aber waren wir auch demokratischer? Waren wir nicht. Wir waren einfach unbeteiligt. Privat. Jeder für sich. Es lief ja alles. Zumindest gefühlt.

Was Demokratie war, lernte ich in der Mittelstufe anhand eines Organigramms: Bundesversammlung wählt Bundespräsident, der ernennt Bundesregierung, Bundestag wählt Verfassungsgericht und das kontrolliert Bundestag und Regierung und so weiter. Über dieses Schaubild ging Demokratie in meiner Vorstellung damals nicht hinaus.

Ich schwänzte allerdings auch ziemlich viel die Schule, um im Internet rumzuhängen. Dort konnte ich frei das lernen, was mich interessiert hat. Und Menschen kennenlernen. Menschen, die so anders waren als meine Klassenkameraden. Erwachsene Menschen, die nicht wussten, dass ich ein Kind war, und deshalb eine kontroverse Diskussion mit mir nicht scheuten. Ich wurde mir erst im Internet meiner Wirkmächtigkeit bewusst.

Als ich 2009 in die Piratenpartei eintrat, schien die Verbindung von Internet und Demokratie noch eine natürliche, eine utopische zu sein. Praktisch zwangsläufig musste allein die Existenz des Internets zu mehr Demokratie, mehr Egalität, zu breiterer Partizipation und folglich auch mehr Gerechtigkeit führen. Immerhin bringt es Menschen in Echtzeit an einem Ort zusammen, wo sie diskutieren können, wie sie es in einem physischen Raum nie könnten – allein schon aus Platzmangel. Es verbindet unterschiedliche Schichten und Hintergründe miteinander. Es kann sofort alle Meinungen sammeln und abbilden. Und es verändert die Rolle des Menschen: Menschen, die es gewohnt sein würden, einen Zeitungsartikel nicht nur zu konsumieren, sondern sofort und spontan auch zu kommentieren, werden zwangsläufig aktiver in die gesellschaftliche Debatte eingreifen. Menschen, die nicht – wie beim Fernsehen – in ein laufendes Programm zuschalten, sondern beim Aktivieren des Mediums zunächst eine leere Browser-Seite finden und als ersten Schritt selbst aktiv entscheiden müssen, was sie sehen wollen, würden über mehr Selbstwirksamkeit verfügen. Menschen, die ihre Meinung sofort, von jedem Ort aus, in Echtzeit kundtun können, ließen sich umso besser in einen demokratischen Prozess involvieren. So war meine Annahme.

Wir wurden enttäuscht. Das Netz verbindet nicht nur gute Menschen miteinander, sondern auch die schlimmsten. Und nicht alle miteinander, sondern getrennt nach abgeschirmten Interessengruppen, wo sie sich gegenseitig bestärken. Außerdem haben wir im Netz mittlerweile kaum noch Raum für freien Austausch außerhalb von Werbeplattformen – denn nichts anderes sind soziale Medien. Ihr Zweck ist nicht gesunder politischer Diskurs. Ihr Zweck ist es, Werbung zu verkaufen. Warum wir dennoch darauf bestehen, unseren politischen Diskurs genau dort zu führen, ist mir schleierhaft.

Nun kann man dem Internet allein aber nicht die Schuld geben. Es liegt nicht an seiner Anonymität. Die meisten Hassreden werden dort von Menschen unter ihrem echten Namen verfasst. Es ist eher ein Zeichen der Zeit, was als sagbar gilt, ohne dass man sich auch nur schämt.

Auch seine Filterblasen sind es nicht. Filterblasen sind überhaupt kein Merkmal des Internets, sondern ein Spiegel der Gesellschaft. Diskurse sind früher unter anderem deshalb ruhiger und mit weniger Missverständnissen geführt worden, weil sie innerhalb dieser Filterblasen geführt wurden, die von der Existenz anderer Menschen zwar eine Ahnung hatten, aber sich nie wirklich mit ihnen auseinandersetzen mussten. Man spricht von Filterblasen, als ob früher der akademische Diskurs, der innermigrantische Diskurs und der Dorfstammtisch sich feierlich auf der Agora bei einem Tee getroffen hätten.

Das Internet ist als neue Kommunikationsform gewiss bahnbrechend, zieht eine riesige kulturelle Bewegung nach sich und verstärkt in der Gesellschaft gegebene Tendenzen massiv – seien es nun Unabhängigkeitskampf, Emanzipationsbestrebungen oder eben der Backlash dagegen. Unser Problem ist aber nicht das Internet. Unser Problem ist, was derzeit in der Gesellschaft los ist.

Eine jede technologische Entwicklung zieht natürlich erst einmal wirtschaftliche und dann kulturelle Veränderungen nach sich. Veränderungen, die gestaltbar sind. Wir befinden uns deshalb in einer Zeit des Umbruchs. Digitalisierung, Globalisierung und Klimawandel verändern die gewohnten und bekannten Umstände, unter denen wir leben. Durch einige Dekaden der westlichen Nabelschau und Hingabe an neoliberale Konzepte ist eklatanter Reichtum zwar allgegenwärtig sichtbar, für die meisten aber unerreichbar. Unsere Werte und Normen sind im Wandel begriffen. Wir definieren neu, was Inklusion, was Familie, was Mann oder Frau sein heißt. Dazu ist die kommende Zeit durchaus selbstverschuldet durch viele drohende Katastrophen geprägt, auf die unsere Systeme sich bisher als nicht besonders gut reaktionsfähig erwiesen haben. Wir sind, mit einem Wort, alle etwas unruhig.

Die gute Nachricht ist, dass unsere Unruhe historisch keineswegs einzigartig ist. Es gab in allen Ländern immer wieder Phasen, in denen die Debatten sehr lebhaft wurden. Was eine euphemistische Umschreibung für Totschlag und Revolution sein kann. Häufig deshalb, weil Menschen, wenn sie desorientiert, emotionalisiert und wütend sind, sich intuitiv nach einer starken Führungsfigur sehnen und nicht gerade rational reagieren.

Was machen wir nun also mit so einer Stimmung? Und

wie stellen wir sicher, dass wir aus ihr heraus nicht in einer rechtspopulistischen Diktatur landen? Wir wären nicht das erste Land, in dem der eklatant sichtbare Unterschied zwischen Arm und Reich, die sich wandelnde Welt, ökonomische Schwierigkeiten und neue Technologien, die alte Berufe ersetzen, zu einem Aufschwung von Rechtspopulismus geführt hätten.

Die Antwort darauf lautet im Moment: »Wir müssen die Grenzen des Diskurses sichern« oder »Wir müssen die Demokratie verteidigen«. Vielleicht genügt es aber nicht, zu der Ruhe zurückzukehren, die wir in den Neunzigerjahren hatten. Oder meinen, gehabt zu haben. Als Rechte noch Baseballschläger hatten und nicht im Parlament saßen, und als man sich hauptsächlich auf Markenklamotten, Konsum und Schrankwände konzentrieren konnte. Unsere bevorstehende Aufgabe ist nicht so defensiv. Vielleicht müssen wir Demokratie in erster Linie erreichen.

Damit meine ich nicht, dass das, was wir bisher hatten, keine Demokratie war. Wir leben in einer Demokratie. Aber wir leben in einer Demokratie, in der die Schere zwischen Arm und Reich immer weiter auseinandergeht. In der es vom Nachnamen abhängt, wie leicht man eine Wohnung oder einen Job findet. In der man als Abkömmling bestimmter Familien sehr leicht Posten und Mandate erreicht, während es für andere Menschen, die vielleicht besser geeignet, aber schlechter vernetzt sind, schier unmöglich ist. Vor allem aber leben wir in einer Demokratie, in der wir bequem geworden sind, uns entweder darauf zu verlassen, dass »die da oben« es schon irgendwie regeln, oder in der einige sich enttäuscht von »denen da oben« abgewandt haben und ihr eigenes Ding machen.

Vielleicht muss unsere Demokratie deshalb nicht bloß verteidigt, sondern ausgebaut werden. Genauso wie sie während der Aufklärung zur Blüte kam, brauchen wir jetzt eine zweite Welle der Aufklärung. In der alle Menschen nun nicht mehr durch den Buchdruck besser informiert, sondern durch das Internet auch besser vernetzt ihre Stimme leichter hörbar machen können. Und lernen, mit dieser Verantwortung umzugehen. Hier ist nicht defensives Denken gefragt, sondern visionäres. Die bloße Besitzstandswahrung einer bequemen Demokratie kann zu ihrem größten Fallstrick werden.

Sind Menschen in der Lage, reflektierte Entscheidungen zu treffen, mit Rücksicht auf andere zu handeln, mit ihrer eigenen Freiheit zurechtzukommen? Meine tiefe Überzeugung ist: ja. Es muss die tiefe Überzeugung eines jeden Demokraten sein.

Gibt man denselben Menschen also mehr Macht durch größere Öffentlichkeit, die ohne Gatekeeper funktioniert, beispielsweise über das Internet, haben sie mehr Verantwortung zu tragen. Und auch diese Verantwortung müssen wir ihnen zugestehen, ohne sie gängeln zu wollen. Dabei bleiben Grenzen des Diskurses natürlich nach wie vor wichtig. Es ist außerdem entscheidend, wen wir in einer Aufmerksamkeitsökonomie mit Aufmerksamkeit belohnen. Die bloße Einlassung auf rassistische Ideen, und sei es, um sie zu widerlegen, ist an sich eine Perpetuierung des Rassismus. Diese klaren Grenzen müssen wir ziehen. Wir müssen sie stärker ziehen, als wir es bisher tun. Doch das wird nicht reichen.

Es gibt diese Idee, Rassismus und Antisemitismus seien eine Folge fehlender Bildung. Darum sind auch Programme zur Prävention oft mehr oder weniger darauf ausgelegt zu zeigen, dass Minderheitengruppen nicht böse oder schlecht sind und wir alle wunderbar miteinander klarkommen können. Sichtbarkeit ist sicherlich hilfreich. Für viele findet die einzige Begegnung mit jüdischen Menschen in der Schule durch Besucher statt. Diese Begegnungen sind wertvoll, aber sie werden das Problem von Antisemitismus nicht lösen.

Verschwörungsmythen funktionieren ja nicht deshalb so gut, weil die Menschen sie aufgrund fehlender Fakten glauben. Sie funktionieren, weil ihre Anhänger*innen sie glauben wollen. Weil sie ein emotionales Bedürfnis danach haben zu glauben, dass – wenn sie selbst schon keine Kontrolle über ihr Leben haben – irgendjemand diese Kontrolle ja haben muss.

Angenommen, wir könnten genau gegen dieses Gefühl des Kontrollverlusts angehen. Gegen die Angst vor dem Abgehängtsein. Vor dem Irrelevantsein (das übrigens auch erstaunlich reiche und etablierte Menschen verspüren). Angenommen, wir könnten, individuell und als Gesellschaft, handeln lernen. Handeln im Arendt'schen Sinne – also mit der Fähigkeit, unsere eigenen Problemlagen zu erkennen, uns Ziele zu stecken und diese Ziele zu verfolgen.

Der Mensch lernt, was der Mensch häufig gebraucht. Darum verlernen wir auch Fremdsprachen, die wir in der Schule gelernt haben. Welche Lektionen über das Leben Eltern uns auch immer erzählt haben – wirklich gelernt haben wir nur, was sie uns vorgelebt haben. Mit dem Handeln ist es genauso. Handeln kann nur, wer regelmäßig die Erfahrung macht, Entscheidungen zu treffen, sich Ziele zu stecken und diese Ziele erreichen zu können. Die Voraussetzung für diese Art von Selbstwirksamkeitserwartung ist eine Umgebung, in der das möglich ist.

Für die meisten jungen Menschen ist einer der Mittelpunkte ihres Lebens die Schule. Hier sollen sie nicht nur die

Grundlagen für alles lernen, was sie später im Leben brauchen werden – sie sollen, per Kultusministerkonferenz, auch zu mündigen Bürger*innen werden. Deshalb lohnt sich ein kritischer Blick darauf, wie Schule aufgebaut ist und wodurch sie diese Entwicklung fördert.

Vorausgeschickt sei, dass es viele Schulen und viele engagierte Lehrer*innen gibt, die aktive Partizipation ihrer Schüler*innen aktiv fördern. Allerdings tun sie das nicht wegen des Regelschulsystems, sondern trotz des Regelschulsystems. Denn das sieht eigentlich vor, dass der Alltag von Jugendlichen so aussieht: Sie haben eine Uhrzeit, zu der sie an einem bestimmten Ort sein müssen. Sie bekommen dann gesagt, dass sie erst 45 Minuten Mathematik lernen müssen, dann 45 Minuten Deutsch. Was sie lernen, müssen sie sich merken: Diese Prozesse müssen sie gezwungenermaßen bei einer Prüfung wiedergeben. Die Taktung ist eng, es ist viel Stoff, nachmittags müssen Hausaufgaben gemacht werden. In diesem Alltag gibt es viel Müssen. Es können nur wenige gestalterische Entscheidungen getroffen werden, die echten Einfluss auf die Lernumgebung oder den Lernprozess nehmen.

Als Fördermittel der demokratischen Erziehung haben wir einerseits die Schüler*innenvertretung. Das ist aber eine Erfahrung, die nicht mal ein Drittel aller Schüler*innen macht. Dann gibt es eine Menge einzelner punktueller Maßnahmen, meist konsequenzlose U18-Wahlen und Präventionsprojekte gegen Rassismus und Antisemitismus, die zwar sehr wichtig, aber durch ihre Einmaligkeit allein nicht ausreichend sind, um tief angelegte Einstellungen zu verändern.

Wir müssen begreifen, dass Feindlichkeit gegen Menschengruppen nicht existiert, weil man nicht genug Informationen darüber hat, dass die Menschengruppe in Wirklichkeit gar nicht böse ist. Wirklichen Antisemiten ist es oft ein emotionales Bedürfnis, antisemitisch zu sein. Zu überwinden sind also nicht einfach nur Vorurteile über Jüd*innen oder Muslim*innen. Sondern zu überwinden ist das emotionale Bedürfnis danach, Schuld an Missständen bei Menschengruppen zu suchen.

Ein Mensch, der von klein auf gewohnt ist, mit anderen zusammenzuarbeiten, sich mit ihren Meinungen auszutauschen, sich gemeinsam Ziele zu setzen, Entscheidungen zu treffen, Kompromisse zu schließen – so ein Mensch wird mit geringerer Wahrscheinlichkeit rassistisch. Wer mal versucht hat, die Wände im eigenen Schulgebäude blau zu streichen, und dabei nicht nur mit Mitschüler*innen debattieren musste, sondern auch noch mit Schulleitung und Schulträger, wird weniger anfällig sein für Verschwörungserzählungen, wie dass Angela Merkel alles im Alleingang kontrolliere. An einer guten, demokratischen Schule könnten junge Menschen zwei Dinge lernen: erstens, dass Demokratie anstrengend ist und viel Arbeit bedeutet, und zweitens, dass sich diese Arbeit lohnt, weil ihre Umwelt sich wirklich nach ihren gemeinsamen Vorstellungen verändert.

Wie erreicht man so eine Schulform? Es gibt bereits 2021 viele Modellschulen in Deutschland, die genau das leben. Demokratische Schulen und Reformschulen gestehen ihren Schüler*innen mehr Handlungsspielräume zu. Der enge Unterricht ist entzerrt, um auch Zeit für Persönlichkeits- und Gemeinschaftsentwicklung zu schaffen.

Digitale Medien können gut dazu beitragen, eine ganze Schulgemeinschaft zu vernetzen, anstatt nur Vertreter*innen. Mit dem Projekt aula von politik-digital e.V. bauen wir eine Art demokratischen Adapter für ganz normale Regelschulen, die sich vorher nicht notwendigerweise mit besonderen Beteiligungsmodellen befasst haben. Schulen bekommen neben Lehrmaterialien und einem ausführlichen Vertrag, der die Beteiligung verbindlich macht, auch eine Onlineplattform zur Verfügung gestellt. Die macht demokratische Beteiligung so niedrigschwellig und übersichtlich, dass sich nicht nur die Schülervertreter*innen aktiv einbringen können, sondern alle. Jede*r kann aus der Schule oder von zu Hause, vom PC oder vom Smartphone zu jeder Tageszeit eine eigene Idee einstellen, wie die eigene Schule, die eigene Umgebung zu verbessern sei. So hatte beispielsweise an einer Schule mit Spannungen in Bezug auf Salafismus und starken religiösen Auseinandersetzungen ein Mädchen die Idee: »Lasst uns jeden Freitag ein Stufenfrühstück machen.« Das ist natürlich erst mal eine Idee von Hunderten, kaum ausgearbeiteten Ideen. Welche ausführlich behandelt werden, bestimmen die Schüler*innen durch Unterstützung der Idee auf der Plattform. Diese war sehr beliebt. Dann folgte die Ausarbeitungsphase, in der aus der fixen Idee ein richtiger Projektplan wurde: Wer ist zuständig? Welches Essen gibt es? Wie achten wir auf Minderheiten, die bestimmte Sachen nicht essen können? Und so weiter. Kompromisse wurden verhandelt und Möglichkeiten geprüft. Wie in einer echten Demokratie also. Auch online wurde diskutiert. Die Kommentarfunktion der Plattform heißt »Verbesserungsvorschläge«: Was hier geschrieben wird, muss konstruktiv formuliert sein. Also: »Ich stimme deiner Idee zu, aber nur wenn ...« Diese Form der Diskussionskultur auf einer Onlineplattform zu üben, wenn es wirklich um was geht, ist Gold wert. Das zeigte auch die Evaluation des Projekts: Schüler*innen gaben an, nun auch auf anderen Social-Media-Plattformen ihre Kommentare anders und konstruktiver zu verfassen. Für viele war aula auch die erste Onlineplattform, mit der sie Berührung hatten.

Wichtig ist allerdings, dass dieses Projekt von Lehrer*innen auch ernst genommen und begleitet wird. Denn Demokratie ist in erster Linie Beziehungsarbeit. Beziehungsarbeit braucht Personal. Das muss bezahlt werden. Es muss auch entwickelt werden, denn Demokratie kann an einer Schule auch das Rollenverständnis ändern. Lehrer*innen lernen, auch Kontrollverlust zuzulassen.

Doch es lohnt sich. Junge Menschen, die wieder und wieder solche Erfahrungen machen, die Beteiligung als selbstverständlichen Teil ihres Alltags leben, gehen in die Welt mit einer bestimmten Einstellung: Sie sind nicht bloße Konsument*innen oder Opfer ihrer Umwelt – sie sind Gestalter*innen. Es ist dieses Grundverständnis, das wir immer und überall stärken müssen.

Die Schule ist hierfür nur ein Beispiel. Ein weiterer wunderbarer Ort, um Selbstwirksamkeitserfahrungen zu machen, ist die Kommune. Alle Projekte, die hier aufsuchende Arbeit machen, die Gemeinschaft anregen, die offene, gestaltbare Räume schaffen, sind zu fördern. Nicht zuletzt dafür brauchen wir auch ein Demokratiefördergesetz. Es kann nicht immer nur um punktuelle Plakat-Aktionen oder Videos gehen. Nachhaltiges Demokratielernen braucht Wiederholung, Beständigkeit und feste Bezugspersonen. Das bedeutet: Geld für Personal.

Es eröffnet uns allerdings die Chance, nicht einfach nur Rassismus und Demokratiefeindlichkeit zu besiegen. Nicht einfach nur zurückzukehren in eine ruhigere, apolitischere Zeit. Es bedeutet, zu einem neuen Miteinander zu finden. Digitale Medien als mächtige Werkzeuge der Verbindung zu nutzen. Eine bessere Gesellschaft zu werden.

Demokratie lebt oder stirbt
in der Praxis

von Michael Kraske

Die entscheidende Frage lautet: Worin besteht die Gefahr? Aus alltäglicher Erfahrung neigen funktionierende Demokratien wie die unsere zur Sorglosigkeit. Zudem wird die Vorstellung über drohende Gefahren maßgeblich von historischen Bildern geprägt, die sich ins kollektive Gedächtnis eingebrannt haben. In Deutschland sind das vor allem der Reichstagsbrand und nationalsozialistische Fackelmärsche nach der Machtübernahme. Wobei der beunruhigendste Aspekt auf dem Weg in die NS-Diktatur, nämlich die Selbstaufgabe des Parlaments durch Zustimmung zum sogenannten »Ermächtigungsgesetz« (mit Ausnahme der SPD), in der Rückschau immer noch zu kurz kommt. Auch Adolf Hitler ist – flankiert vom Straßenterror der SA – auf parlamentarischem Weg an die Macht gelangt, bevor er eine mörderische Diktatur errichtete.

Doch so wichtig es ist, aus der Geschichte zu lernen und notwendige Lehren daraus zu ziehen, so sehr birgt ein zu verengter Blick zurück die Gefahr, nur als Bedrohung wahrzunehmen, was historischen Vorläufern ähnelt. Aber moderne Demokratieverächter und Autokraten tragen keine Braunhemden und propagieren nicht die Diktatur. Im Gegenteil: Sie treten als die vermeintlich wahren Demokraten auf, als personifizierter Wille des Volkes. Was nebenbei bemerkt sogar der totalitäre Diktator Adolf Hitler tat. Um es in einem Bild zu sagen: Es reicht nicht aus, nach einem kleinen Mann mit Oberlippenbart und Seitenscheitel Ausschau zu halten.

Vielmehr ist es überfällig, falsche Vorstellungen zu korrigieren. Darüber, wie im Gegensatz zu klassischen Diktaturen, etwa in Weißrussland, moderne Autokratien und Autokraten aussehen. Wie sie an die Macht kommen und diese dann einsetzen. Was dann von Demokratien übrig bleibt. Die Autoren Steven Levitsky und Daniel Ziblatt beschreiben in ihrem Buch *Wie Demokratien sterben*[1] eindrucksvoll, dass moderne Autokraten heutzutage eine legalistische Strategie verfolgen, um die Demokratie mit demokratisch gewonnenen Mehrheiten zerstören zu können. Und dass ihnen dabei üblicherweise die bürgerliche Mitte den Weg bereitet, in dem verhängnisvollen Glauben, eine Regierungsbeteiligung könne Demokratiefeinde einhegen. So wie seinerzeit die deutschen Konservativen dachten, Hitler einhegen zu können. Ein monströser Irrtum, den Steigbügelhalter Franz von Papen so formulierte: »Wir haben ihn uns engagiert.« Die historische Lehre muss lauten: Parteien und Politiker sind nicht automatisch demokratisch, nur weil sie demokratisch gewählt sind. Gerade konservative Parteien stehen ganz besonders in der Pflicht, keinerlei Bündnisse mit angehenden rechten Autokraten einzugehen, sondern rote Linien der Demokratie zu verteidigen. Kein Bündnis mit Demokratiefeinden, nirgends! Darüber hinaus gilt es zu verstehen, wie moderne Autokraten die Staatswesen zerrütten, ohne die Demokratie formal abzuschaffen.

Masterplan moderner Autokratien

Entscheidend ist, auf welche Weise Demokratien destabilisiert und zu Fall gebracht werden. Durch eine Mechanik der erfolgreichen Zerstörung von innen. In Europa sind aktuell Polen und Ungarn warnende Beispiele dafür, wie rechtspopulistische Regierungen nach der Machtübernahme vorgehen. Im ersten Schritt werden die Schiedsrichter der Demokratie ausgeschaltet. So wurde Polen von der EU-Kommission für massive Eingriffe in die Unabhängigkeit der Justiz vor dem Europäischen Gerichtshof verklagt. In Ungarn besetzte Regierungschef Viktor Orbán nominell unabhängige Behörden wie die Staatsanwaltschaft mit Gefolgsleuten. Die Medien wurden ebenfalls weitgehend unter Kontrolle gebracht – durch sogenannte »Säuberungen« beim staatlichen Rundfunk und eine Medienkonzentration, die kritische und unabhängige Redaktionen ausgeschaltet hat. Hinzu kommen Angriffe auf Universitäten und Nichtregierungsorganisationen.

Denn wenn rechtsstaatliche Institutionen und gesellschaftliche Gegenspieler erst geschwächt sind, ändern Autokraten die Spielregeln. Orbáns Fidesz-Partei änderte mit ihrer Zweidrittelmehrheit das Wahlrecht, schränkte durch Verfassungsänderungen Grundrechte und die Gewaltenteilung ein und beschnitt die Kompetenzen des Verfassungsgerichts.[2]

Der Masterplan moderner Autokraten besteht darin, die Chancen der Opposition durch die Zerstörung zivilgesellschaftlicher Strukturen, Aushebelung rechtsstaatlicher Gewaltenteilung und neue Spielregeln derart zu schwächen, dass zwar weiterhin freie, aber keine fairen Wahlen mehr stattfinden. Formal besteht die Demokratie in Ungarn weiter, aber Orbáns »illiberale Demokratie« ist mittlerweile eher eine

Pseudo-Demokratie mit drastisch erschwerten Bedingungen für einen demokratischen Machtwechsel.

Während Orbán in Ungarn bereits Hand an die Grundfesten der Demokratie anlegte, schloss die Europäische Volkspartei (EVP), der auch die CDU/CSU angehört, dessen Partei nicht aus der gemeinsamen konservativen Fraktion aus, bis Fidesz schließlich von selbst austrat. Das legt jene seit der Weimarer Republik unverändert fortbestehende Gefahr bloß: Die Konservativen sind es, die rechten Demagogen bei deren Aufstieg entweder klare Grenzen setzen oder ihnen aber den Weg bereiten.

Hierzulande hat die CDU zwar eine Zusammenarbeit mit der AfD kategorisch ausgeschlossen, aber in den Kommunen kommt es parteiübergreifend immer wieder zu gemeinsamen Abstimmungen, und im deutschen Osten liebäugeln nicht wenige Christdemokraten mit der zunehmend rechtsextremen Partei. In den USA hat sich die Republikanische Partei bedingungslos dem Populisten Donald Trump unterworfen. Und nicht mal dann mit ihm gebrochen, als er nach der Niederlage gegen Joe Biden mit Lügen und Propaganda den sogenannten Sturm auf das Kapitol angezettelt und einen Putschversuch unternommen hat. In den USA haben die Institutionen zwar letztlich gehalten. Aber die Bilder der marodierenden Angreifer im Kapitol sollten auch den Sorglosen und Beschwichtigern hierzulande verdeutlichen: Liberale Demokratie ist jederzeit angreifbar und verwundbar. Sie ist fragil. Auch bei uns.

Ein neues autoritäres Zeitalter

Keine Frage, wir leben in der besten und stabilsten Demokratie, die es in Deutschland je gab. Doch Trump und Bolsonaro, die Türkei und Russland, aber auch Polen und Ungarn zeigen eindrucksvoll, wie schnell scheinbar stabile demokratische und rechtsstaatliche Verhältnisse kippen können. Wenn hier also zur Vorsicht gemahnt wird, dann nicht als alarmistische Prophezeiung eines baldigen Systemwechsels, sondern weil ganz konkret zwei Gefahren drohen: Erstens sind Gemeinwesen, die ihre Institutionen, Prozesse, Normen und Regeln nicht gegen Aushöhlung und Verletzungen schützen, sehr viel anfälliger, wenn sie in Krisen ernsthaft unter Druck geraten. Zweitens erweist sich Demokratie in der Praxis – oder eben auch nicht. Der Verfassungsanspruch unverletzbarer Menschenwürde und Gleichheit aller kann beispielsweise de facto außer Kraft gesetzt werden, wenn people of color alltäglich bei der Suche nach Arbeit und Wohnungen diskriminiert oder durch racial profiling verstärkt staatlicher Repression ausgesetzt sind. Das ist auch in Deutschland der Fall und darf so nicht bleiben.

Anstelle des von Francis Fukuyama ausgerufenen »Endes der Geschichte«, das nach 1989 einen Siegeszug der liberalen Demokratie prophezeite, zieht ein neues autoritäres Zeitalter auf. Die neuerliche Sehnsucht nach vermeintlich starken Männern wie Bolsonaro, Orbán oder Trump stürzte die USA nach dessen Wahlniederlage in eine Staatskrise. In Russland hebelte Putin die Begrenzung seiner Amtszeit zunächst mit einem Trick (er wurde vorübergehend Ministerpräsident) und später mit einer Verfassungsänderung aus und verstärkte die Unterdrückung der Opposition, was de facto das Ende demokratischer Praxis bedeutet. Die Pressefreiheit gerät weltweit massiv unter Druck und wird in einer Vielzahl von Ländern offenkundig bekämpft. Kritische Journalistinnen und Journalisten werden bedroht, angegriffen und sogar ermordet wie Ján Kuciak in der Slowakei und Daphne Caruana Galizia auf Malta. Konservative Parteien, die lange staatstragend waren, sind entweder verschwunden wie die Democrazia Cristiana in Italien oder haben sich wie die ÖVP in Österreich ihren Führungsfiguren wie Sebastian Kurz unterworfen und sind in einer Bewegung aufgegangen (»Die neue Volkspartei«). Sozialdemokratische Parteien sind vielerorts verzwergt und marginalisiert. Rechtspopulistische bis rechtsextreme Parteien und Politiker haben es in Ungarn und Polen, Italien, Frankreich, Österreich und Brasilien bis in die Regierung geschafft oder versammeln die halbe Wählerschaft hinter sich wie Marine Le Pen in Frankreich. Weltweit zerrütten digitale Hasskampagnen und Verschwörungsideologien den politischen Diskurs. Desinformation wird zur Waffe der Zukunft. Ein Trend, den Corona weiter verschärft hat – die Weltgesundheitsorganisation WHO spricht von einer »Infodemie«. Im Zuge dieser Kampagnen leben uralte antisemitische Stereotype wieder auf, getragen von neuen Hasspredigern wie dem QAnon-Kult mit seiner wahnhaften Erzählung einer kinderquälenden Elite. Der Befund ist eindeutig: Weltweit gerät die Demokratie massiv unter Druck oder gar ins Wanken.

Die Gefahr kommt von rechts

Obwohl Deutschland bisher vergleichsweise stabil die Krisen rund um Finanzspekulation, Migration und Corona überstanden hat, nehmen auch hierzulande systematische Angriffe auf das Grundgesetz, die offene Gesellschaft und die parlamentarische Demokratie bedrohlich zu. Von verschiedenen Seiten unterschiedlich stark. Propagandavideos, Rekrutierung für den IS und nicht zuletzt der mörderische Anschlag am Berliner Breitscheidplatz zeigen, dass Islamisten auch bei uns die ihnen verhasste liberale Gesellschaft mit allen Mitteln bekämpfen. Immer wieder auch mit Terror, wie diverse Anklagen der Bundesanwaltschaft belegen. Doch der Islamismus ist in Deutschland glücklicherweise vollkommen isoliert und kein akzeptierter Teil der Gesellschaft. Auch aufseiten der militanten Linken gibt es eine wachsende Gewaltbereitschaft gegen erklärte Feindbilder wie Polizeibeamte und Rechtsextremisten, die nicht verharmlost werden darf. Rechte Straftaten haben gleichwohl ein Rekordniveau erreicht.[3] Jüdisches Leben – und das ist ein unerträgliches Alarmsignal – wird wieder von einem zunehmend enthemmten Antisemitismus bedroht. Die größte Gefahr für unsere Demokratie kommt derzeit von rechts.

Während die Bundesrepublik im deutschen Herbst das ganze Arsenal staatlicher Repression gegen den linken Terror der RAF aufgeboten hat, wird das rechte Problem weiterhin inkonsequent und nachlässig behandelt. Die von führenden staatlichen Repräsentanten, allen voran Kanzlerin Merkel, zugesagte neue Konsequenz als Lehre aus dem NSU-Komplex bleibt ein gebrochenes Versprechen. Es folgten der Terror von Halle und Hanau sowie der Mord an Walter Lübcke. Wobei diese Anschläge nur die Spitze, nicht das Ausmaß rechter Gefahr zeigen. Seit der deutschen Einheit wurden hierzulande mehr als zweihundert Menschen aus rechten Motiven ermordet.[4] Nach dem NSU bildeten sich neue rechtsterroristische

Strukturen, die Gruppe Freital, Old School Society, Revolution Chemnitz oder Gruppe S. hießen. In unzureichend ausgeleuchteten Netzwerken bereiten sich Rechtsextremisten Waffen hortend auf den Tag X des politischen Umsturzes vor, der durch bürgerkriegsähnliche Zustände herbeieskaliert werden soll. Immer wieder sind dabei auch Polizeibeamte und Bundeswehrsoldaten beteiligt wie bei der »Gruppe Nordkreuz« im Hannibal-Netzwerk. Während der sogenannten Flüchtlingskrise bildeten in der Anti-Asyl-Bewegung wütende Bürgerinnen und Bürger mit Neonazis vielerorts Interessengemeinschaften, wie sie nun auch in der Corona-Pandemie bei Querdenken zu beobachten sind. Die Pegida-Bewegung hat offenen Rassismus auf die Straße getragen, der politisch als »berechtigte Sorgen« verharmlost wurde. Schließlich ist mit der AfD eine Partei in die Parlamente eingezogen, die ein homogenes, »ethnokulturelles« Gesellschaftsmodell propagiert, das rassistischer Ideologie folgend »Kulturfremde« ausschließen soll und unvereinbar mit unserem Grundgesetz ist, das Menschenwürde, Teilhabe und Religionsfreiheit unabhängig von Herkunft und Glauben garantiert. AfD-Politiker Björn Höcke hat ethnische (Zitate: »großangelegtes Remigrationsprojekt«, »Politik der wohltemperierten Grausamkeit«)[5] und politische Säuberungen (Zitat: »Auch, wenn wir leider ein paar Volksteile verlieren werden«)[6] angedeutet, die ohne Gewalt undenkbar sind. Rechtsextremist Höcke stellt kaum verhohlen das demokratische System infrage, wenn er androht, in einer »Wendezeit« würden »ein paar Korrekturen und Reförmchen«[7] nicht reichen. Mit der AfD zogen offener Rassismus und Demokratieverachtung in deutsche Parlamente ein.

Trotzdem tun sich viele schwer, die rote Linie nach rechts eindeutig zu ziehen. Weil Rechtsextremismus zu oft auf Gewalt und Terror verengt wird, Lagebilder fatalerweise erst bei Taten ansetzen und die Ideologie, die Hass und Gewalt den Boden bereitet, kontinuierlich zu wenig beachtet wird. Hinzu kommt, dass nicht nur AfD-Politiker wie Alexander Gauland eher an ihrer bürgerlichen Vita und sozialem Status gemessen werden als an ihrer Radikalität. Die demokratischen Parteien stehen nicht nur in der Pflicht, jegliche Machtoptionen für die AfD zu verhindern. Sie dürfen auch keine Diskursverschiebung nach rechts außen zulassen, egal ob diese vom ehemaligen SPD-Finanzsenator Thilo Sarrazin betrieben wird oder von Ex-Verfassungsschutzchef Hans-Georg Maaßen (CDU). Schon gar nicht dürfen sie selbst dazu beitragen, Ressentiments und neurechte Narrative zu befördern, weder inhaltlich noch personell. Wer etwa so radikal auftritt wie Maaßen, darf von einer demokratischen Partei nicht für ein politisches Mandat nominiert werden. Denn dadurch wird das politische Spektrum der Partei bis in die radikale Rechte ausgeweitet.

Kategorische Unsicherheit geht mit einer katastrophalen Fehlerkultur in den Sicherheitsbehörden einher. Auch nach Auffliegen etlicher rechtsextremer Chatgruppen mit Polizeibeamten, Waffenfunden bei Bundeswehrsoldaten und Morddrohungen nach Abfrage von Meldedaten an Polizei-Computern hat sich allen voran Bundesinnenminister Horst Seehofer standhaft geweigert, ein umfassendes Lagebild über rassistische und rechtsextreme Einstellungen in den Sicherheitsbehörden zu erstellen. Dabei sind ausgerechnet Eliteeinheiten wie etwa ein Spezialeinsatzkommando der Polizei (SEK) in Mecklenburg-Vorpommern oder das Kommando Spezialkräfte (KSK) der Bundeswehr als Keimzellen rechtsextremer Umtriebe aufgeflogen. Doch der politische Umgang mit diesen Skandalen folgt der Maxime, keinen Generalverdacht gegen Polizei und Bundeswehr aufkommen zu lassen. Das Gegenteil einer solch reflexhaften Abwehr wäre richtig und wichtig, um Schaden von den Institutionen und dem überwiegend rechtschaffenen Personal abzuwenden. Schonungslose Aufklärung nämlich und konsequentes Durchgreifen gegen Demokratiefeindlichkeit in den eigenen Reihen. Die liberale Demokratie braucht wehrhafte Sicherheitsbehörden.

Demokratische Praxis ist der Seismograf

Der demokratische Rechtsstaat muss dabei weit mehr tun, als nur seine Institutionen zu schützen. Er ist vielmehr gefordert, seine Normen, Prinzipien, Werte und Spielregeln zu verteidigen und in der Praxis jederzeit anzuwenden. Diese Praxis ist der eigentliche Seismograf für den Zustand unserer Demokratie. Gemessen daran gibt es beunruhigende Befunde. Beim NSU-Komplex hat sich gezeigt, dass der Staat weder die nötige Wachsamkeit noch eine ausreichende institutionelle Wirksamkeit gegen Rechtsextremismus aufbietet. Bis heute wurde es unterlassen, wichtige und notwendige Konsequenzen daraus zu ziehen, dass Rechtsterroristen so lange unentdeckt morden konnten. In der juristischen Praxis werden weiterhin rassistische, sozialdarwinistische und homophobe Tatmotive ignoriert, obwohl diese rechtlich nunmehr explizit strafverschärfend gewertet werden können. Als eine Konsequenz aus dem NSU-Komplex wurde nämlich im Jahr 2015 der Paragraf 46 StGB, der die Strafzumessung regelt, erweitert. Demnach können menschenverachtende Tatmotive nunmehr eine höhere Strafe begründen – was in der juristischen Praxis jedoch regelmäßig nicht geschieht. Im Zuge der sogenannten

Flüchtlingskrise und mit dem Aufstieg von Pegida und AfD ging eine verbale Entgrenzung mit epidemisch verbreitetem digitalem Hass und einer Explosion rechter Gewalt einher. Allein im Jahr 2016 gab es laut BKA 3500 Angriffe auf Geflüchtete und deren Unterkünfte. Dem Mord an dem CDU-Politiker Walter Lübcke in Kassel ging eine Hasskampagne in den sozialen Medien voraus. Obwohl die Bundesregierung jetzt verstärkt gegen digitalen Hass als Wegbereiter für Gewalttaten vorgehen will, ist absehbar, dass es für die Vielzahl an Fällen nicht annähernd genug Staatsanwälte und Richterinnen gibt. Doch nur wenn der Staat glaubhaft machen kann, dass er Hass und Hetze konsequent verfolgt, kann die Verrohung eingedämmt werden. Gewaltfantasien auf offener Straße wie jene von Attila Hildmann über den Grünen-Politiker Volker Beck müssen schnell und spürbar geahndet werden. Der demokratische Rechtsstaat muss früher und effektiver als bisher Grenzen setzen. Dazu braucht es festen politischen Willen und größere Ressourcen, also Geld und viel mehr Personal. Und zwar nicht nur für Repression, sondern auch für Prävention durch mutigere politische Bildung, die Demokratie, Respekt und Vielfalt schon ab dem Kita-Alter erfahrbar macht. Demokratie ist kein Selbstläufer. Sie wird gelernt und eingeübt – oder eben auch nicht.

Besonders schwer tun sich Staat und Gesellschaft mit Gefahren in ihrer Mitte. So ließen Versammlungs- und Polizeibehörden in der tödlichen Pandemie die Demos der Querdenken-Bewegung in vielen Städten weitgehend gewähren, obwohl sie oft verboten waren und Teilnehmende massenhaft gegen Auflagen verstießen, indem sie dicht gedrängt ohne Mundnasenschutz sich und andere gefährdeten. Neonazi-Hooligans prügelten in Leipzig die zuvor gerichtlich untersagte Demo-Route über den historischen Ring frei. Querdenken-Mitbegründer Michael Ballweg hat seine Großdemo in Berlin in einem Akt der Selbstermächtigung zur »verfassungsgebenden Versammlung« erklärt. Trotzdem erklärten der sächsische Innenminister und ein Stuttgarter Einsatzleiter der Polizei auf Pressekonferenzen, körperlicher Zwang zur Durchsetzung von Auflagen sei bei solchen Demos unverhältnismäßig. Schließlich demonstriere da die bürgerliche Mitte. Offenkundig scheuten die Verantwortlichen ein konsequentes Vorgehen, weil sie die Demonstrierenden als »Normalbürger« ansahen. Doch der Staat darf keinen Unterschied machen, ob er nun von jungen Männern im schwarzen Kapuzenpulli oder von älteren Herren im Anorak angegriffen wird. Demokratiefeindlichkeit erkennt man weder am Alter noch am Aussehen. Allzu lange sind beispielsweise systematische Angriffe auf die freie Berichterstattung bei Demonstrationen von den Innenministern toleriert worden. Mittlerweile hat die Organisation Reporter ohne Grenzen die Lage der Pressefreiheit in Deutschland auf nur noch zufriedenstellend herabgestuft. Es darf aber keine Gewöhnung daran geben, dass demokratische Prinzipien, Grundregeln und Vereinbarungen im Alltag de facto außer Kraft gesetzt werden. Demokratien leben oder sterben im Kleinen.

Die Corona-Pandemie hat auch unsere Gesellschaft unter Dauer-Stress gesetzt – mit enormen wirtschaftlichen, politischen und psychischen Auswirkungen, deren Folgen noch gar nicht absehbar sind. Die Krise legt schonungslos Systemschwächen bloß und zeigt, wie wichtig Resilienz ist. Für jeden Menschen, aber eben auch für ein Gemeinwesen. Resilienz im Sinne einer Widerstandskraft kann unsere parlamentarische Demokratie aber nur stärken, wenn sie selbstkritisch ihre rechtsstaatliche, politische, juristische und journalistische Praxis überprüft und versucht, gefährliche Schwachstellen zu korrigieren. Die wichtigste politische Währung ist Vertrauen. In Institutionen, Prozesse und Personal. Die öffentliche Zustimmung zu den harten, aber notwendigen Corona-Maßnahmen brach in dem Moment ein, als die Regierenden widersprüchlich, inkonsequent und nicht mehr den evidenzbasierten Empfehlungen der Wissenschaft folgend handelten – und mehrere Abgeordnete sich sogar auf unanständige Weise bei Masken-Deals bereicherten. Solche Normverletzungen sind das Einfallstor für jene, die vordergründig für Freiheitsrechte, de facto aber gegen unsere parlamentarische Demokratie und die offene Gesellschaft agitieren.

Kreativ statt permanenter Krisenmodus

Das Wesen der Krise ist, dass sie uns kollektiv unvorbereitet trifft, auch weil vereinzelt mahnende Stimmen in Schönwetterphasen ungehört bleiben – egal ob es um den Finanzsektor, Pandemien oder Cyberangriffe geht. Der Soziologe Andreas Reckwitz befürchtet sogar, dass wir politisch in ein Zeitalter aufeinanderfolgender, existenzieller Krisen geraten können, und warnt davor, in einem permanenten Krisenmodus nur noch eine »Politik des Negativen« zu betreiben.[8] Also ausschließlich Gefahrenabwehr statt kreativer Projekte und politischer Visionen. Diese Gefahr besteht. Allein unsere Gesellschaft resilienter zu machen ist ein enormer Kraftakt und ein ambitioniertes Langzeitprojekt. Es gilt, demokratische Strukturen und Initiativen durch Gesetze dauerhaft abzusichern, politische Bildung in den Schulen und Sicherheitsbehörden auszubauen, juristische Lücken bei Hasskriminalität zu schließen und zu verhindern, dass sich bedrohte Demokraten ängstlich aus digitalen Diskursräumen und gewählte Abgeordnete aus der Politik zurückziehen.

Das und noch viel mehr anzugehen ist dringend notwendig, schafft aber erst mal nur den demokratischen Rahmen dafür, die großen Probleme zu lösen: Klimawandel, drohende Dürreperioden, soziale Ungerechtigkeit mit einer wachsenden Kluft zwischen Arm und Reich, global wie regional. Für Konzepte, die Schulen nicht nur digital modernisieren, sondern auch deren Inhalte und Lernformen. Für eine Umgestaltung der Arbeitswelt, die nachhaltiger und familienkompatibler ist, und eine Rente, die nicht in die Armut führt. Für eine Politik, die eine größere Durchlässigkeit von unten nach oben ermöglicht und Chancen unabhängig von sozialer Herkunft und Abstammung eröffnet. Für eine Gesellschaft also, in der Zugehörigkeit nicht von Hautfarbe, Kindheit oder Religion abhängt. Es braucht beides: den Willen und die Entschlossenheit, unsere Demokratie mit ihrer offenen Gesellschaft zu verteidigen. Und Kreativität, Visionen, Projekte und Strategien, sie weiterzuentwickeln und lebenswerter zu machen, vor allem auch für diejenigen, die derzeit außen vor bleiben, wenn es um Jobs, Wohnungen, Teilhabe und Gleichberechtigung geht. Die Feinde der Demokratie sind üblicherweise hoch motiviert. Das sollten wir auch sein. Es gibt viel zu verlieren – aber auch zu gewinnen. Es geht um alles.

Die Autor*innen

Eckart Conze, geboren 1963 in Coburg, ist Historiker und lehrt seit 2003 als Professor für Neuere und Neueste Geschichte am Seminar für Neuere Geschichte der Philipps-Universität Marburg. Seine Forschungsschwerpunkte sind die deutsche, europäische und internationale Geschichte des 19., 20. und 21.Jahrhunderts. Zuletzt erschien von ihm *Schatten des Kaiserreichs. Die Reichsgründung von 1871 und ihr schwieriges Erbe* bei dtv.

Hajo Funke, geboren 1944, ist emeritierter Professor für Politikwissenschaft an der Freien Universität Berlin. Er forschte unter anderem in Berkeley California, und an der Harvard University. Schwerpunkte seiner Forschung sind die Analyse von Rechtsextremismus, Antisemitismus und internationalen Konflikten. Zu den jüngsten Veröffentlichungen gehören unter anderem *Die Höcke-AfD. Eine rechtsextreme Partei in der Zerreißprobe* (VSA 2021).

Ines Geipel, geboren 1960 in Dresden, ist Schriftstellerin und Professorin für Verskunst an der Berliner Hochschule für Schauspielkunst »Ernst Busch«. Sie hat sich in zahlreichen Publikationen mit den Folgen der beiden deutschen Diktaturen und der deutschen Gewaltgeschichte auseinandergesetzt, zuletzt in *Umkämpfte Zone. Mein Bruder, der Osten und der Hass* (Klett-Cotta, 2019). 2020 erhielt sie den Lessing-Preis für Kritik.

Ingke Goeckenjan, geboren 1974, ist Juristin und Inhaberin eines Lehrstuhls für Strafrecht und Strafprozessrecht an der Ruhr-Universität Bochum. Dort forscht und lehrt sie zu den Themen des Strafrechts und seiner Nebengebiete. Ihre Forschungsinteressen umfassen neben der Strafrechtsdogmatik auch empirisch-kriminologische Themen wie den Bereich Kriminalität und Migration.

Peter Imbusch, geboren 1960, ist Professor für Politische Soziologie an der Bergischen Universität Wuppertal. Seine Arbeits- und Forschungsschwerpunkte liegen im Bereich der Sozialstrukturanalyse, der Gewalt- und Konfliktforschung und der soziologischen Theorie. Zu diesen Themen veröffentlichte er zahlreiche Bücher und Aufsätze. Gegenwärtig untersucht er in einem Forschungsprojekt die unterschiedlichen »Legitimationen politischer Gewalt«.

Lamya Kaddor, geboren 1978 in Ahlen, ist eine islamische Religionspädagogin, Islamwissenschaftlerin und Publizistin. 2010 gründete sie den Liberal-Islamischen Bund e. V. Kaddor wurde für ihr Engagement und ihre Arbeiten mehrfach ausgezeichnet, schreibt vielbeachtete Kolumnen und wurde als eine der zehn einflussreichsten Musliminnen Europas gekürt.

Sebastian Krumbiegel, geboren 1966, lebt und arbeitet als Musiker in Leipzig. Er ist Sänger der Band DIE PRINZEN. Neben seiner künstlerischen Tätigkeit als Solomusiker und mit der Band engagiert er sich seit vielen Jahren für die Demokratie und eine offene Gesellschaft, u. a. bei dem Musikfestival »Leipzig zeigt Courage«. Für sein gesellschaftliches Engagement wurde er im Jahr 2012 mit dem Bundesverdienstorden ausgezeichnet.

Dirk Laabs, geboren 1973 in Hamburg, ist Bestsellerautor und Filmemacher. Seit fast 20 Jahren recherchiert er zum Thema Terrorismus, seine Filme zu dem Thema wurden von der ARD, ARTE und dem ZDF ausgestrahlt. Als Gutachter wurde er von mehreren NSU-Untersuchungsausschüssen geladen. Er hat zahlreiche Preise in Deutschland und im Ausland gewonnen. Zuletzt erschien von ihm *Staatsfeinde in Uniform* 2021 bei Ullstein.

Karl-Siegbert Rehberg, geboren 1943 in Aachen, studierte Soziologie und Politische Wissenschaft in Aachen und Köln und gründete 1992 das Institut für Soziologie an der Technischen Universität Dresden. Seit 1992 ist er Inhaber des Lehrstuhles für Soziologische Theorie, Theoriegeschichte und Kultursoziologie, seit 2009 als Seniorprofessor für Forschung. 2016 hat Rehberg den Sammelband PEGIDA – *Rechtspopulismus zwischen Fremdenangst und »Wende«-Enttäuschung?* (transcript) mitherausgegeben.

Georg Restle, geboren 1965 in Esslingen, ist ein deutscher Journalist und Fernsehmoderator. Er studierte Rechtswissenschaften an der Albert-Ludwigs-Universität Freiburg und Internationales Recht an der London School of Economics. Er ist Leiter und Moderator des Politmagazins *Monitor* im Fernsehprogramm Das Erste und erhielt 2020 stellvertretend für die Redaktion den Grimme-Preis für Besondere Journalistische Leistung.

Karolin Schwarz arbeitet als Autorin in Berlin. Sie beschäftigt sich vor allem mit digitalen Ausprägungen des Rechtsextremismus, Desinformation und der Schnittstelle zwischen Internet und Gesellschaft. Ihr Projekt Hoaxmap, das Fakes über Geflüchtete und People of Color sichtbar macht, wurde für verschiedene journalistische Preise nominiert. Im Februar 2020 erschien ihr Buch *Hasskrieger: Der neue globale Rechtsextremismus* (Herder).

Marina Weisband, geboren 1987 in Kiew, ist Diplompsychologin und Expertin für digitale Partizipation und Bildung. Von 2011 bis 2012 war sie politische Geschäftsführerin der Piratenpartei Deutschland und engagiert sich heute bei Bündnis 90/DIE GRÜNEN in den Themenbereichen Digitalisierung und Bildung. Ihr Buch *Wir nennen es Politik* veröffentlichte sie 2013 (Tropen).

Paul Ziemiak, geboren 1985 in Stettin, ist seit 2017 Mitglied des Deutschen Bundestages und seit 2018 Generalsekretär der CDU Deutschlands. Gemeinsam mit dem Publizisten Georg Milde hat er zuletzt das Buch *Was anders bleibt. Reise durch ein herausgefordertes Land* (Herder) veröffentlicht. Er lebt in Iserlohn im Sauerland, ist verheiratet und hat zwei Kinder.

Anmerkungen

Eric Hattke
Grenzen sichern – warum Demokratien
wehrhaft sein müssen

1 Alice Weidel im Deutschen Bundestag, Haushaltsdebatte am 21. November 2018.

2 Frank Pasemann: Zunehmende Repression gegen alternative Medien, 08.10.2019: https://afdkompakt.de/2019/10/09/frank-pasemann-zunehmenden-repression-gegen-alternative-medien/ (zuletzt abg. 29.06.2021).

3 Robert Brasillach zit. n. Elisabeth Edl: »Im düsteren Licht der Erinnerung. Nachwort«, in: Patrick Modiano: *Place de l'Etoile*. München 2010. S. 175 f.

4 OECD (Hrsg.): *Under Pressure. The Squeezed Middle Class*, 2019. S. 13 f.

5 Einsamkeit in Deutschland, IW-Kurzbericht Nr. 38, 13.06.2019: https://www.iwkoeln.de/studien/iw-kurzberichte/beitrag/theresa-eyerund-einsamkeit-in-deutschland-433090.html (zuletzt abg. 29.06.2021).

6 Hannah Arendt: »Ideologie und Terror« in: *Offener Horizont: Festschrift für Karl Jaspers*, München 1953.

7 Statement der UEFA: Die UEFA respektiert den Regenbogen, Webseite der UEFA, 23.06.2021.

8 Dschinghis Khan (1979), Stefan Raab (2000), Lordi (2006), Verka Serduchka (2007), Buranovskiye Babushki (2012), Netta (2018) und Go_A (2021).

Karl-Siegbert Rehberg
Demokratie – eine gefährdete Errungenschaft?

1 Alexis de Tocqueville: *Über die Demokratie in Amerika*, München 1976 [frz. zuerst 1932], S. 37.

2 Francis Fukuyama: *Das Ende der Geschichte. Wo stehen wir?* München 1992.

3 Samuel P. Huntington: *Der Kampf der Kulturen. Die Neugestaltung der Weltpolitik im 21. Jahrhundert*, München 1997.

4 Vgl. https://amerika21.de/analyse/123974/terroropfer-lateinamerika.

5 Vgl. https://www.eiu.com/n/.

6 Vgl. die Erklärung der Kommissionspräsidentin, »Das letzte Wort zu EU-Recht wird immer in Luxemburg gesprochen.« 11.05.2020: https://ec.europa.eu/germany/news/von-der-leyen-ProzentE2Pro zent80Prozent9Edas-letzte-wort-zu-eu-recht-wird-immer-luxem burg-gesprochenProzentE2Prozent80Prozent9C_de (zuletzt abg. 29.06.2021).

7 Piotr Buras: »De-Europäisierung. Polens Kollisionskurs in der EU«, in: Andreas Rostek (Hrsg.): *POLSKA first. Über die polnische Krise*, Berlin 2018. S. 131–163.

8 Ebd., S. 159.

9 Ebd., S. 136.

10 Michael Th. Greven und Louis W. Pauly (Hrsg.): *Democracy beyond the State? The European Dilemma and the Emerging Global Order*, Maryland 2000.

11 Ulrich Beck: *Was ist Globalisierung? Irrtümer des Globalismus – Antworten auf Globalisierung*, Frankfurt a. M. 1997. Bes S. 49–54.

12 Ulrich Beck: »Europäisierung – Soziologie für das 21. Jahrhundert«, in: Aus Politik und Zeitgeschichte (APuZ), Heft 34–35 (2005). S. 49–55, hier: 7.

13 Frank Decker: »Was ist Rechtspopulismus?«, in: Politische Vierteljahresschrift 59/2018. S. 353–369, hier: 357.

14 Susanne Rippl und Christian Seipel: »Modernisierungsverlierer, Cultural Backlash, Postdemokratie«, in: Kölner Zeitschrift für Soziologie und Sozialpsychologie 70/2018. S. 237–254, hier: 251.

15 Jasper von Altenbockum: »Marktkonforme Demokratie?«, in: FAZ.net, 15.04.2012: https://www.faz.net/aktuell/politik/harte-bretter/marktkonforme-demokratie-oder-demokratiekonformer-markt-11712359.html (zuletzt abg. 29.06.2021).

16 Frank Decker et al.: *Vertrauen in Demokratie. Wie zufrieden sind die*

Menschen in Deutschland mit Regierung, Staat und Politik?, Bonn 1992. S. 30 ff.

17 Vgl. Karl-Siegbert Rehberg: »158. Ost/West«, in: Stephan Lessenich und Frank Nullmeier (Hrsg.): *Deutschland – eine gespaltene Gesellschaft,* Frankfurt a. M./New York 2006. S. 209.

18 Wolfgang Zapf: »Einige Materialien zu Gesellschaft und Demokratie im vereinten Deutschland«, in: Hansgert Peisert und Wolfgang Zapf (Hrsg.): *Gesellschaft, Demokratie und Lebenschancen. Festschrift für Ralf Dahrendorf,* Stuttgart 1994. S. 291–312.

19 Vgl. Karl-Siegbert Rehberg, Franziska Kunz und Tino Schlinzig (Hrsg.): *PEGIDA. Rechtspopulismus zwischen Fremdenangst und »Wende« –Enttäuschung? Analysen im Überblick,* Bielefeld 2016.

20 Detlef Pollack, Dresdner Vortrag im »Dialog Sozialwissenschaften« der Friedrich-Ebert-Stiftung am 11. 6. 2021; vgl. auch: Ders.: *Das unzufriedene Volk. Protest und Ressentiment in Ostdeutschland von der friedlichen Revolution bis heute,* Bielefeld 2020.

21 Ulrich Beck: *Was ist Globalisierung?,* Frankfurt a. M. 1997. S. 24–32.

22 Helmut Schelsky: »Der Mensch in der technischen Zivilisation«, in: Ders.: *Auf der Suche nach Wirklichkeit,* Düsseldorf/Köln 1965. S. 459.

23 Fritz René Allemann: *Bonn ist Weimar,* Köln 1956.

24 Arnold Gehlen: »Gedanken über die Lernkultur«, in: Arnold-Gehlen-Gesamtausgabe, hrsg. v. Karl-Siegbert Rehberg, Frankfurt a. M. 2004. S. 420–433, hier: 429.

Eckart Conze
Berlin ist nicht Weimar – was wir aus dem Scheitern
der Weimarer Republik noch immer lernen können

1 S. zum Beispiel Andreas Wirsching u. a. (Hrsg.): *Weimarer Verhältnisse? Historische Lektionen für unsere Demokratie,* Stuttgart 2018.

2 Fritz René Allemann: *Bonn ist nicht Weimar,* Köln 1956; s. auch Sebastian Ullrich: *Der Weimar-Komplex. Das Scheitern der ersten deutschen Demokratie und die politische Kultur der frühen Bundesrepublik,* Göttingen 2009.

3 Frank-Walter Steinmeier: »Es lebe die deutsche Republik«. Rede des Bundespräsidenten bei der Gedenkstunde des Deutschen Bundestags zum 9. November 2018: https://www.bundespraesident.de/SharedDocs/Reden/DE/Frank-Walter-Steinmeier/Reden/2018/11/181109-Gedenkstunde-Bundestag.html?nn=9042544 (zuletzt abg. 07. 06. 2021).

4 Steven Levitsky / Daniel Ziblatt: *Wie Demokratien sterben. Und was wir dagegen tun können*, Bonn 2018.

5 S. dazu in internationaler Perspektive Tim B. Müller: *Nach dem Ersten Weltkrieg. Lebensversuche moderner Demokratien*, Hamburg 2014.

6 Dazu ausführlich Eckart Conze: *Schatten des Kaiserreichs. Die Reichsgründung von 1871 und ihr schwieriges Erbe*, München 2020.

7 S. in dieser Perspektive auch Ralf Fücks / Christoph Becker (Hrsg.): *Das alte Denken der neuen Rechten. Die langen Linien der antiliberalen Revolution*, Bonn 2020.

8 Dazu und zum Folgenden Andreas Wirsching: »Appell an die Vernunft«, in: ders. u. a. (Hrsg.): *Weimarer Verhältnisse*, S. 9–21.

9 Gauland für »friedliche Revolution« gegen das »politische System«, Interview von Justus Bender mit Alexander Gauland, in: FAZ, 04. 09. 2018.

10 Siehe dazu Eckart Conze: *Die große Illusion. Versailles 1919 und die Neuordnung der Welt*, München 2018. S. 461–490.

11 Siehe Andreas Wirsching: »Appell an die Vernunft«, in: Andreas Wirsching, Berthold Kohler und Ulrich Wilhelm (Hrsg.), *Weimarer Verhältnisse? Historische Lektionen für unsere Demokratie*, Ditzingen 2018. S. 16.

12 Vgl. Anselm Doering-Manteuffel: *Konturen von Ordnung. Ideengeschichtliche Zugänge zum 20. Jahrhundert*, Berlin 2019. S. 157–190.

13 Detlev J. K. Peukert: *Die Weimarer Republik. Krisenjahre der Klassischen Moderne*, Frankfurt a. M. 1987.

14 Thomas Childers: *The Nazi Voter*, Chapel Hill 1983; vgl. auch: Jürgen W. Falter: *Hitlers Wähler. Die Anhänger der NSDAP 1924–1933*, Frankfurt a. M. / New York 2020.

15 Thomas Mann: »Deutsche Ansprache. Appell an die Vernunft« (1930), in: Ders.: *Essays*, Bd. 3, Frankfurt a. M. 1994. S. 259–279; Ders.: *Vom zukünftigen Sieg der Demokratie*, Zürich / New York 1938.

Georg Restle
Angriff auf die Pressefreiheit

1 http://www.ecpmf.eu/feindbild-journalist-2021/ (zuletzt abg. 25. 06. 2021).

2 Kleine Anfrage der Fraktion Bündnis 90 / Die Grünen: https://margitstumpp.de/wp-content/uploads/2021/01/KA-19_25546.pdf (zuletzt abg. 25. 06. 2021).

3 Karolin Schwarz: *Hasskrieger: Der neue globale Rechtsextremismus*, Freiburg i. Breisg. 2020.

4 https://bayernistfrei.com/2016/03/17/idomeni/ (zuletzt abg. 25.06. 2021).

5 Niels H. M. Albrecht: Die Macht einer Verleumdungskampagne, Uni. Diss. Heidelberg 2002. S. 271.

6 Topographie des Terrors (Ausst.), Zwischen den Zeilen? Zeitungspresse als NS-Machtinstrument, Berlin Mai–Oktober 2013.

7 Götz Kubitschek:»Sachsen: Zerrst du noch oder fragst du schon?«, in: Sezession, 09.02.2021: https://sezession.de/63979/sachsen-zerrst-du-noch-oder-fragst-du-schon (zuletzt abg. 25.06.2021).

8 Interview mit Dubravko Mandic, AfD, in: MONITOR, 18.02.2021: https://www1.wdr.de/daserste/monitor/videos/video-extrem-rech ts-im-westen-afd-kandidierende-in-baden-wuerttemberg-100.html (zuletzt abg. 25.06.2021).

9 Stefan Niggemeier: »Wie ›Welt‹ und AfD einander die Bälle zuspielen«, in: Übermedien, 25.03.2021: https://uebermedien.de/58569/ wie-welt-und-afd-einander-die-baelle-zuspielen/(zuletztabg.25.06. 2021).

10 Götz Kubitschek: »Selbstverharmlosung«, in: Sezession, 20.09.2019: https://sezession.de/59584/selbstverharmlosung (zuletzt abg. 25.06. 2021).

11 AfD-Bundessprecher Jörg Meuthen im Juli 2019 in Cottbus.

12 Markus Frohnmaier, AfD am 28.10.2015 in Erfurt.

Ines Geipel
Schone fremde Freiheit – Diskurs und Sprache in aversiven Zeiten

1 Friedrich Schiller: »Kallias oder Über die Schönheit« (1793), in: Ders., *Über das Schöne und die Kunst. Schriften zur Ästhetik*, Werke, Bd. 5, hrsg. v. Albert Meier et al., München 1984. S. 425.

2 Ebd.

3 AfD-Chef Björn Höcke am 17.01.2021 in Dresden, vgl.: https://taz.de/ Bjoern-Hoeckes-Dresden-Rede/!5372797/ (zuletzt abg. 20.07.2021).

4 Daniel Kilvington im Gespräch mit Maximilian Rieger: »Jeder muss rassistische Posts melden«, 02.05.2021: https://www.deutschland-funk.de/social-media-boykott-der-premier-league-jeder-muss.1346.de.html?dram:article_id=496600 (zuletzt abg. 20.07.2021).

5 Jung & naiv, Folge 509, 28.04.2021: https://www.jungundnaiv.
de/2021/04/28/lothar-wieler-praesident-des-robert-koch-instituts-
rki-folge-509/ (zuletzt abg. 20.07.2021).

6 Simon Haas u. Lucien Scherrer: »Grüne Dominanz im ‹edit war›:
Was Annalena Baerbocks Eintrag über Wikipedia aussagt«, in: Neue
Zürcher Zeitung, 10.06.2021: https://www.nzz.ch/feuilleton/baer-
bock-wikipedia-ld.1629184 (zuletzt abg. 20.07.2021).

7 Gaston Bachelard: *Die Poetik des Raumes* (1957), Frankfurt a. M. 1987.
S. 25.

Hajo Funke
Strategische Angriffe – gegen die Grenzverletzungen der radikalen Rechten

1 Bundesamt für Verfassungsschutz: Gutachten zu tatsächlichen Anhaltspunkten für Bestrebungen gegen die freiheitliche demokratische Grundordnung in der »Alternative für Deutschland« (AfD)
und ihren Teilorganisationen. Stand 15.1.2019: https://netzpolitik.
org/2019/wir-veroeffentlichen-das-verfassungsschutz-gutachten-
zur-afd/#2019-01-15_BfV-AfD-Gutachten (zuletzt abg. 26.06.2021).

2 vgl. Benjamin Bidder: »Die Deutschen verlieren die Zuversicht«, in:
Spiegel Online, 2.12.2020: https://www.spiegel.de/wirtschaft/sozia-
les/generation-mitte-umfrage-deutschland-verliert-die-hoffnung-
a-9bf2c5ad-9518-4f28-ba5d-fdbcddc9e4e8 (zuletzt abg. 29.06.2021).

3 Frankfurter Rundschau: Tot von Lübcke verhöhnt, 17.6.2019.

4 Süddeutsche Zeitung: Eine Geste der Verachtung, 17.6.2019.

5 FAZ.net, 27.06.2019: https://www.faz.net/aktuell/politik/inland/
afd-politiker-wolfgang-gedeon-zum-rechtsextremistischen-terror-
16256896.html (zuletzt abg. 29.06.2021).

6 Der Politikwissenschaftler Franz Neumann als Konsequenz aus dem
Scheitern der Weimarer Republik.

Literatur:
Bundesamt für Verfassungsschutz (BfV), Gutachten zu tatsächlichen
Anhaltspunkten für Bestrebungen gegen die freiheitliche demokratische Grundordnung in der »Alternative für Deutschland« (AfD) und
ihren Teilorganisationen, 15.1.2019; online verfügbar: https://netzpoli-
tik.org/2019/wir-veröffentlichen-das-verfassungsschutz-gutachten-zur-
afd/#2019-01-15_BfV-AfD-Gutachten.

Oliver Decker und Elmar Brähler (Hrsg.): *Autoritäre Dynamiken*, Gießen 2020.

Hajo Funke: *Der Kampf um die Erinnerung. Hitlers Erlösungswahn und seine Opfer*, Hamburg 2019.

Hajo Funke: *Black Lives Matter in Deutschland*, Hamburg 2021.

Hajo Funke: *Die Höcke-AfD. Eine rechtsextreme Partei in der Zerreißprobe*, Hamburg 2021.

Peter Imbusch
Keine Verharmlosung, kein Alarmismus –
wie groß ist die Gefahr durch linke Gewalt?

1 BMI (Bundesministerium des Innern, für Bau und Heimat): *Verfassungsschutzbericht 2020*, Berlin 2021. S. 4.

2 Armin Pfahl-Traughber: Aktuelle Strömungen im Themenfeld Linksextremismus in Deutschland. *Forschungsstand und Forschungsdefizite*, Expertise im Auftrag des DJI, Brühl 2011; Ders.: *Linksextremismus in Deutschland. Eine kritische Bestandsaufnahme*, Wiesbaden 2020; Klaus Schröder und Monika Deutz-Schröder: *Der Kampf ist nicht zu Ende. Geschichte und Aktualität linker Gewalt*, Freiburg 2019.

3 Astrid Bötticher und Miroslav Mares: *Extremismus. Theorien Konzepte Formen*, München 2012; Katharina Rhein und Thomas Uhlig: *Extrem unbrauchbar. Über Gleichsetzungen von links und rechts*, Berlin 2019.

4 Siehe dazu Michail Loginov: *Risikobewertung extremistischer Gewalt. Verfahren – Instrumente – Kritik*, Wiesbaden 2019; Susanne Feustel, Jennifer Stange und Tom Strohschneider (Hrsg.): *Verfassungsfeinde? Wie die Hüter von Denk- und Gewaltmonopolen mit dem ›Linksextremismus‹ umgehen*, Hamburg 2012.

5 Peter Imbusch: »Die radikale Linke zwischen Protest und Militanz. Hintergründe, Besonderheiten und Perspektiven zu linksextremer Gewalt«, in: Alexander Deycke et al. (Hrsg.): *Von der KPD zu den Postautonomen. Orientierungen im Feld der radikalen Linken*, Göttingen 2021. S. 57–82; vgl. BMI (Bundesministerium des Innern, für Bau und Heimat): *Verfassungsschutzbericht 2020*, Berlin 2021. S. 122.

6 Rainer Rilling (Hrsg.): *Eine Frage der Gewalt. Antworten von links*, Berlin 2008.

7 BMI (Bundesministerium des Innern, für Bau und Heimat): *Verfassungsschutzbericht 2020 (Kurzfassung)*, Berlin 2021, S. 22.

8 Imbusch: *Die radikale Linke zwischen Protest und Militanz*, 2021. S. 66 ff.

9 Armin Nassehi: *G20 – Eine Linke braucht es nicht mehr*: http://www. zeit.de/kultur/2017-07/g20-linke-gewalt-kapitalismuskritikglo balisierung-essay/komplettansicht (zuletzt abg. 29.06.2021).

10 BMI: *Verfassungsschutzbericht 2020 (Kurzfassung)*, S. 22.

11 Klaus Farin: *Die Autonomen*, Berlin 2015; Ulrich Peters: *Unbeugsam & Widerständig. Die radikale Linke in Deutschland seit 1989/90*, Münster 2014; Sebastian Haunss: *Identität in Bewegung. Prozesse kollektiver Identität bei den Autonomen und in der Schwulenbewegung*, Wiesbaden 2004; ders.: »Gewalt und Gewaltlosigkeit in sozialen Bewegungen«, in: Forschungsjournal Soziale Bewegungen, Nr. 25, Jg. 4, 2012. S. 6–16.

12 Peter Imbusch: »Der Gewaltbegriff«, in: Wilhelm Heitmeyer und John Hagan (Hrsg.): *Internationales Handbuch der Gewaltforschung*, Wiesbaden 2002. S. 24–55; Birgit Enzmann (Hrsg.): *Handbuch Politische Gewalt. Formen – Ursachen – Legitimation – Begrenzung*, Wiesbaden 2013.

13 BMI: *Verfassungsschutzbericht 2020*, Berlin 2021. S. 34.

14 So ist in der Kurzfassung des Verfassungsschutzberichts auf S. 11 zu lesen, dass im Jahr 2020 zwei versuchte und ein vollendetes Tötungsdelikt mit neun Todesopfern gezählt wurden, im Hauptbericht findet sich diese Zahl der Opfer in der Statistik auf S. 27 allerdings nicht wieder.

15 BMI: *Verfassungsschutzbericht 2020.* S. 27.

16 BMI: *Verfassungsschutzbericht 2020.* S. 3.

17 BMI: *Verfassungsschutzbericht 2020.* S. 30, 37 f.

18 Peter Imbusch: »Der Gewaltbegriff«, 2002. S. 24–55; Ina Huneke: »Polizei und Gewalt«, in: KritV Kritische Vierteljahresschrift für Gesetzgebung und Rechtswissenschaft, Vol. 97, Nr. 3, 2014. S. 267–291.

19 Margarete Stokowski: »Gewalt gegen die Polizei. Verletzte und verletzende Polizisten«, in: Spiegel Online, 22.06.2021: https://www. spiegel.de/kultur/gewalt-gegen-die-polizei-verletzte-und-verletz ende-polizisten-kolumne-a-f77ac5c1-0c6e-47f0-8f16-0e98e4f3ede8 (zuletzt abg. 29.06.2021).

20 Stefan Malthaner, Simon Teune und Peter Ullrich: *Eskalation. Dynamiken der Gewalt im Kontext der G20-Proteste in Hamburg 2017*, Berlin 2018: https://doi.org/10.14279/depositonce-7331; Stefan Malthaner: »Gewalt, Kontrolle, Legitimität«, in: Mittelweg 36, Heft 2/2018. S. 1–14.

21 BMI: *Verfassungsschutzbericht 2020.* S. 39.

22 Peter Imbusch: *Die radikale Linke zwischen Protest und Militanz*, 2021. S. 59–65.

23 Siehe u. a. die verschiedenen sog. »Mitte-Studien«, z. B. Andreas
   Zick, Beate Küpper und Wilhelm Berghan: *Verlorene Mitte – Feindselige
   Zustände. Rechtsextreme Einstellungen in Deutschland 2018/19*, Berlin 2019.
24 Vgl. zu der Thematik Anne-Kathrin Meinhardt und Birgit Redlich:
   Linke Militanz. Pädagogische Arbeit in Theorie und Praxis, Schwalbach am
   Ts. 2020.
25 BMI: *Verfassungsschutzbericht 2020*. S. 127; Peter Imbusch: *Legitimatio-
   nen politischer Gewalt*, unveröff. Ms. 2018; Jürgen P. Lang: *Für eine bessere
   Welt? Linksextremistische Argumentationsmuster*, St. Augustin 2012.

Lamya Kaddor
Grenzverletzungen im Namen der Religion

1 Vgl. z. B. Carsten Gennerich: »Religiosität muslimischer Ju-
  gendlicher. Empirische Befunde und theologische Perspektiven«,
  in: Yasar Sarikaya und Adem Aygün (Hrsg.): *Islamische Religions-
  pädagogik: Leitfragen aus Theorie, Empirie und Praxis*, Münster / New York
  2016. S. 199–220. Vgl. auch Hans-Jürgen von Wensierski und Claudia
  Lübcke: *Junge Muslime in Deutschland: Lebenslagen, Aufwachsprozesse und
  Jugendkulturen*, Opladen 2007.
2 Evangelische Landeskirche in Württemberg: Vom Glauben reden:
  https://www.missionarische-dienste.de/fileadmin/mediapool/
  gemeinden/E_missionarischedienste_neu/Publikationen/Arbeist
  hilfen_etc/Vom_Glauben_reden.pdf (zuletzt abg. 02. 04. 2021).
3 James Clifford: »Diasporas«. In: *Cultural Anthropology* 9.3 (1994):
  302–38. Web.
4 Näheres dazu: Lamya Kaddor: *Zum Töten bereit: Warum deutsche Jugendliche in den Dschihad ziehen*, 2. Aufl. München 2015. Hier finden
  sich auch Hinweise dazu, was Politik und Gesellschaft zusätzlich
  zur staatlichen Repression präventiv tun können.
5 Vgl. Mohammed Shakush: »Der Islam im Spiegel der Politik von
  CDU und CSU. Aspekte einer komplizierten Beziehung«, in: Thors-
  ten Gerald Schneiders (Hrsg.): *Islamfeindlichkeit. Wenn die Grenzen der
  Kritik verschwimmen*, Berlin 2009. S. 363–376: 366 ff.
6 https://www.bundesverfassungsgericht.de/SharedDocs/Pressemit-
  teilungen/DE/2015/bvg15-014.html (zuletzt abg. 12. 03. 2021).
7 https://www.deutschlandfunk.de/religionsrecht-wir-tun-uns-mit-
  kopftuchdebatten-keinen.886.de.html?dram:article_id=427111 (zuletzt abg. 04. 04. 2021).

8 *Religionsmonitor. Sonderauswertung Islam 2015. Die wichtigsten Ergebnisse im Überblick*, hrsg. v. Bertelsmann Stiftung: https://www.bertelsmann-stiftung.de/fileadmin/files/Projekte/51_Religionsmonitor/Zusammenfassung_der_Sonderauswertung.pdf (zuletzt abg. 06.04.2021).

9 Detlef Pollack, Olaf Müller, Gergely Rosta und Anna Dieler: *Integration und Religion aus der Sicht von Türkeistämmigen in Deutschland.* Repräsentative Erhebung von TNS Emnid im Auftrag des Exzellenzclusters »Religion und Politik« der Universität Münster: https://www.uni-muenster.de/imperia/md/content/religion_und_politik/aktuelles/2016/06_2016/studie_integration_und_religion_aus_sicht_t__rkeist__mmiger.pdf (zuletzt abg. 01.04.2021).

10 Katajun Amirpur: »Die Muslimisierung der Muslime«, in: Hilal Sezgin (Hrsg.): *Manifest der Vielen. Deutschland erfindet sich neu*, Berlin 2011.

11 Wissenschaftliche Dienste Deutscher Bundestag: *Islamische Organisationen in Deutschland. Organisationsstruktur, Vernetzungen und Positionen zur Stellung der Frau sowie zur Religionsfreiheit*, 2015: https://www.bundestag.de/resource/blob/405162/80a4e1e0a231dc5555afba8focab9b9o/wd-1-004-15-pdf-data.pdf (zuletzt abg. 07.04.2021).

12 Heiner Meulemann: *Nach der Säkularisierung. Religiosität in Deutschland 1980–2012*, Wiesbaden 2015.

13 Sabine Pokorny: *Aktivität ist ansteckend: Soziale und politische Partizipation von Deutschen mit und ohne Migrationshintergrund und in Deutschland lebenden Ausländern*, hrsg. v. Konrad-Adenauer-Stiftung 2016: https://www.kas.de/c/document_library/get_file?uuid=e99a166b-d7b2-3233-e77f-83d7a3c5163b&groupId=252038 (zuletzt abg. 25.03.2021).

14 Michael Blume: *Islam in der Krise: Eine Weltreligion zwischen Radikalisierung und stillem Rückzug*, 2., durchgesehene Auflage Ostfildern 2017.

15 Siehe dazu z. B. Ronen Steinke: »Sexueller Missbrauch: Wenn sich die Kirche über den Rechtsstaat stellt«, in: Süddeutsche Zeitung, 22.02.2019: https://www.sueddeutsche.de/panorama/katholische-kirche-missbrauch-strafverfolgung-justiz-1.4339753; und das Interview mit dem Strafrechtler Reinhard Merkel, in: Die Zeit, 46/2018: https://www.zeit.de/2018/46/missbrauchsskandal-katholische-kirche-aufarbeitung-rechtsstaat (bde. zuletzt abg. 07.04.2021).

16 Andreas Tunger-Zanetti: *Verhüllung. Die Burka-Debatte in der Schweiz*, Zürich 2021. S. 30 ff. Siehe auch: https://www.unilu.ch/news/analyse-zur-burka-debatte-in-der-schweiz-5576/ (zuletzt abg. 26.06.2021).

17 Siehe: https://www.katholisch.de/artikel/28098-laschet-vorwuerfe-gegen-kardinal-woelki-innerkirchlich-klaeren (zuletzt abg. 07.04.2021).

18 Mathias Rohe: »Islam und deutsche Rechtsordnung«, in: Der Bürger im Staat, 4/2001. S. 233–240: https://www.buergerundstaat.de/4_01/ rechtsordnung5.htm (zuletzt abg. 05. 04. 2021).

19 Axel Freiherr von Campenhausen: »Staat und Religion nach dem Grundgesetz«, in: Humboldt Forum Recht, 12/2008: https://www.rewi.hu-berlin.de/de/lf/oe/hfr/deutsch/2008-12.pdf (zuletzt abg. 21. 07. 2021).

20 Ders.: Staatskirchenrecht, 2. Aufl. München 1983. S. 78.

21 Hans Barion, »Ordnung und Ortung im kanonischen Recht«, in: Ders. (Hrsg.): Festschrift für Carl Schmitt zum 70. Geburtstag, dargebracht von Freunden und Schülern, Berlin 1959. S. 30.

Dirk Laabs
Die Schmerzgrenze – vom Umgang mit verfassungsfeindlichen Polizisten und Bundeswehrsoldaten

1 AIB 82/1.2009, 09. 03. 2009: »Anklage gegen Berliner Neonaziband ›D.S.T.‹«: https://www.antifainfoblatt.de/artikel/anklage-gegen-ber liner-neonaziband-%C2%BBdst%C2%AB (zuletzt abg. 25. 06. 2021).

2 Urteil des Bundesverwaltungsgerichts vom 17. 11. 2017: BVerwG 2 C 25.17.

3 BVerwG 2 C 25.17.

4 https://www.bundestag.de/resource/blob/483584/1ccf107fafodof8a 98de634009cf33b6/hass-und-hetze-im-strafrecht-data.pdf (zuletzt abg. 25. 06. 2021).

5 Eine ausführliche Schilderung in Dirk Laabs: Staatsfeinde in Uniform, Berlin 2021.

6 Dieses Zitat geht aus einem Verhör des BKA mit André S. hervor.

7 Beschluss Bundesgerichtshof vom 22. August 2019.

8 Vgl. https://www.bpb.de/dialog/232724/erst-verschaerft-dann-wie der-entschaerft-die-entwicklung-von-129a-stgb (zuletzt abg. 25. 06. 2021).

9 Vgl. Laabs: Staatsfeinde in Uniform, Berlin 2021.

10 https://www.mdr.de/nachrichten/deutschland/politik/ksk-bericht-rechtsextremismus-100.html (zuletzt abg. 25. 06. 2021).

11 Vgl. https://www.bmi.bund.de/SharedDocs/downloads/DE/veroef fentlichungen/themen/oeffentlicher-dienst/beamte/vermerk-neu tralitaet-und-verfassungstreue.html (zuletzt abg. 25. 06. 2021).

Ingke Goeckenjan

Wo der Rechtsstaat konsequenter gegen Hass und
Demokratiefeindlichkeit vorgehen muss

1 »Die Todeslisten des Stephan Ernst«, in: Der SPIEGEL 17/2020: https://
   www.spiegel.de/panorama/justiz/fall-walter-luebcke-die-todeslis
   ten-des-stephan-ernst-a-00000000-0002-0001-0000-000170518568
   (zuletzt abg. 08.06.2021).

2 Zum Begriff etwa Christoph Apostel, Kriminalpolitische Zeitschrift
   5/2019. S. 287: https://kripoz.de/wp-content/uploads/2019/09/
   apostel-hate-speech-zur-relevanz-und-den-folgen-eines-massen-
   phaenomens.pdf (zuletzt abg. 08.06.2021); Leonie Steinl und Jakob
   Schemmel, in: Goltdammer's Archiv 2/2021. S. 86 ff.

3 BVerfGE 61, 1 (8).

4 BVerfGE 54, 129 (138 f.); 61, 1 (7 f.); 93, 266 (289 f.); BVerfG NJW
   2020, 2622 (2623).

5 BVerfGE 54, 208 (219).

6 BVerfGE 7, 198 (207 ff.).

7 BVerfGE 7, 198 (207 ff.).

8 BVerfGE 82, 272 (283 f.); 85, 1 (16); 93, 266 (294); BVerfG NJW 2021,
   2622 (2624).

9 »Staatsanwaltschaft ermittelt gegen Gauland«, in: Spiegel Online,
   10.09.2017: https://www.spiegel.de/politik/deutschland/afd-staats
   anwaltschaft-ermittelt-gegen-alexander-gauland-a-1166986.html
   (zuletzt abg. 08.06.2021).

10 »Gauland rechtfertigt Kritik an Özoguz«, in: Junge Freiheit,
   28.08.2017: https://jungefreiheit.de/politik/deutschland/2017/gau
   land-rechtfertigt-kritik-an-oezoguz/ (zuletzt abg. 08.06.2021).

11 Ebd.

12 Einstellungsverfügung der Staatsanwaltschaft Mühlhausen vom
   14.5.2018 – 101 Js 56420/17, in: Strafverteidiger 2/2018. S. 490.

13 Ausführlich dazu Thomas Fischer und Klaus F. Gärditz, in: Strafverteidiger 2/2018. S. 491 ff.

14 Siehe auch Klaus F. Gärditz, »Die Grenze des Sagbaren«, in: LTO,
   22.06.2020: https://www.lto.de/recht/hintergruende/h/bverfg-be
   schluss-1-bvr-2459-19-grundrechte-meinungsfreiheit-beleidigung-
   grenze/ (zuletzt abg. 08.06.2021).

15 BVerfG, Beschlüsse vom 19.5.2020 – 1 BvR 2459/19, 1 BvR 2397/19, 1
   BvR 1094/19 und 1 BvR 362/18.

16 BVerfG, Beschluss vom 19.5.2020 – 1 BvR 362/18.

17 BVerfG, Beschluss vom 19. 5. 2020 – 1 BvR 2397/19.

18 BVerfG, Beschluss vom 19. 5. 2020 – 1 BvR 2397/19.

19 Gesetz zur Bekämpfung des Rechtsextremismus und der Hasskriminalität vom 30. 03. 2021, BGBl. I 2021. S. 441.

20 Dazu ausführlich Mustafa T. Oğlakcıoğlu, in: Zeitschrift für die gesamte Strafrechtswissenschaft 3/2020. S. 521 ff.

21 Siehe aber ebd. S. 521 (536 Fn. 67).

22 Gesetz zur Verbesserung der Rechtsdurchsetzung in sozialen Netzwerken vom 01. 09. 2017, BGBl. I 2017, S. 3352.

23 Siehe Fußnote 19.

24 Siehe etwa die Stellungnahmen zu den Gesetzesentwürfen: https://kripoz.de/2020/01/20/entwurf-eines-gesetzes-zur-bekaempfung-des-rechtsextremismus-und-der-hasskriminalitaet-2/ (zuletzt abg. 08. 06. 2021).

25 Bundestags-Drucksache 19/17741. S. 25.

26 Vgl. die Studie des European Centre for Press and Media Freedom (ECPMF), »Feindbild Journalist«: https://www.ecpmf.eu/wp-content/uploads/2021/03/Feindbild-Journalist-5-Alliiert-im-Pressehass.pdf (zuletzt abg. 08. 06. 2021).

Karolin Schwarz
Wie Hass und Hetze die Meinungsfreiheit bedrohen

1 Felix Berth: »›Netzpolizei‹ für die Eltern«, in: taz, 17. 02. 1996: https://taz.de/!1470863/ (zuletzt abg. 07. 06. 2021).

2 Tweet von Karl Lauterbach, 19. 02. 2021: https://twitter.com/Karl_Lauterbach/status/1362715256070549508 (zuletzt abg. 07. 06. 2021).

3 Linda Tutmann: »Wissenschaft ist keine Demokratie«, in: Die Zeit, 06. 05. 2021: https://www.zeit.de/gesellschaft/zeitgeschehen/2021-05/mai-thi-nguyen-kim-hass-internet-wissenschaftsjournalismus-pressefreiheit (zuletzt abg. 07. 06. 2021).

4 Feindbild Journalist, Juni 2019: https://www.idz-jena.de/fileadmin/user_upload/_Hass_im_Netz_-_Der_schleichende_Angriff.pdf (zuletzt abg. 07. 06. 2021).

5 »Sexism, harassment and violence against women in parliaments in Europe«, Inter-Parliamentary Union, 2018: https://www.ipu.org/resources/publications/issue-briefs/2018-10/sexism-harassment-and-violence-against-women-in-parliaments-in-europe (zuletzt abg. 07. 06. 2021).

6 Christian Ehrhardt: »Attacken auf Kommunalpolitiker in der Corona-Pandemie weiter gestiegen«, in: Kommunal, 27. 04. 2021: https://kommunal.de/attacken-kommunalpolitiker-corona (zuletzt abg. 07. 06. 2021).

7 Siehe Fußnote 4.

8 Marius Mestermann: »Ich hab sehr lange geschwiegen«, in: Spiegel Online, 22. 04. 2021: https://www.spiegel.de/politik/deutschland/jasmina-kuhnke-alias-quattromilf-im-republik-21-podcast-ich-hab-sehr-lange-geschwiegen-a-2e040cd4-53b6-4a16-a0b8-f8fce22dc629 (zuletzt abg. 07. 06. 2021).

9 »Angebliches ›Hassposting‹-Handbuch Rechtsextremer aufgetaucht«, in: Der Standard, 15. 01. 2018: https://www.derstandard.at/story/2000072294111/angebliches-hassposting-handbuch-rechtsextremer-aufgetaucht (zuletzt abg. 07. 06. 2021).

10 »Rechtsextremer Netzaktivist zu Bewährungsstrafe verurteilt«, in: Spiegel Online, 14. 09. 2020: https://www.spiegel.de/panorama/justiz/halle-rechtsextremist-netzaktivist-sven-liebich-zu-bewaehrungsstrafe-verurteilt-a-47c7901c-b984-4663-add3-a0fa494bf7d1 (zuletzt abg. 07. 06. 2021).

11 BMI: »Politisch motivierte Kriminalität im Jahr 2020. Bundesweite Fallzahlen«, 04. 05. 2021: https://www.bmi.bund.de/SharedDocs/downloads/DE/veroeffentlichungen/2021/05/pmk-2020-bundesweite-fallzahlen.pdf?__blob=publicationFile&v=4 (zuletzt abg. 07. 06. 2021).

12 Telegram-Post von Pavel Durow, 23. 12. 2020: https://t.me/durov/142 (zuletzt abg. 07. 06. 2021).

Michael Kraske
Demokratie lebt oder stirbt in der Praxis

1 Steven Levitsky und Daniel Ziblatt: *Wie Demokratien sterben – Und was wir dagegen tun können*, Sonderausgabe BpB 2018.

2 Vgl. zur Lage der Demokratie in Ungarn unter Orbán: https://www.bpb.de/politik/hintergrund-aktuell/308619/demokratie-in-ungarn (zuletzt abg. 29. 06. 2021).

3 Vgl. zum Anstieg der politischen Kriminalität im Jahr 2020: Mit knapp 53 Prozent machten rechtsextreme Delikte mehr als die Hälfte aller politischen Straftaten aus und erreichten damit einen Höchststand seit der neu geregelten Erfassung im Jahr 2001: https://

www.bmi.bund.de/SharedDocs/kurzmeldungen/DE/2021/05/pmk-2020.html (zuletzt abg. 29. 06. 2021).

4 Während die Bundesregierung zu Beginn des Jahres 2021 insgesamt 106 Tötungsdelikte seit der deutschen Einheit als rechts motiviert wertet, gibt die Amadeu Antonio Stiftung aufgrund unabhängiger Recherchen mindestens 213 Todesopfer rechter Gewalt an: https:// www.amadeu-antonio-stiftung.de/todesopfer-rechter-gewalt/ (zuletzt abg. 29. 06. 2021).

5 Björn Höcke im Gespräch mit Sebastian Hennig, »Nie zweimal in denselben Fluss«, in: Manuscriptum 2008. S. 254.

6 Ebd., S. 257

7 Ebd., S. 257 f.

8 Andreas Reckwitz: »Die neue Politik des Negativen«, in: Der SPIEGEL 10/2021. S. 42 ff.